Louis Schützenhöfer

DIE KUNST DES VERDRÄNGENS

Glücklich ist, wer vergisst

UEBERREUTER

Für Bouchra Laktir, die Fremde

Bildnachweis:
S. 12 © Votava
S. 49 © apapicturedesk.com
S. 76 © Votava
S. 82 © Jupiterimages
S. 90 © Votava
S. 98 © Marcos Welsh/AGE/F1online
S. 103 © Image Source/World Portraits/F1online
S. 133 © apapicturedesk.com

Das säurefreie und alterungsbeständige Papier EOS liefert Salzer, St. Pölten (hergestellt aus chlorfrei gebleichtem Zellstoff aus nachhaltiger Forstwirtschaft).

ISBN 978-3-8000-7430-3

Covergestaltung: Martin Gubo, Wien
Coverfoto: getty images/doublelibra

Gedruckt in Österreich
7 6 5 4 3 2 1

Ueberreuter im Internet: www.ueberreuter.at

Inhalt

Vorwort	7
Einleitung	9
Verdrängung – was ist das?	11
Wie unbewusstes Verdrängen funktioniert	21
Das Umschreiben der Erinnerung	29
Bewusst verdrängen. Geht das?	41
Gibt es den geborenen Verdränger?	55
Warum wir verdrängen	63
Auf der Suche nach Harmonie	71
Erzwungene Beziehungen	85
Lebenslügen	101
Schnell, bequem, oberflächlich – das Vorurteil	109
Schattenseiten des Verdrängens	119
Die Harmonie-Falle	131
Literaturliste	140

Vorwort

Das Verdrängen ist eine durchaus segensreiche Einrichtung der Psyche, die uns erst das Überleben in einer fremden, mysteriösen, bedrohlichen und chaotischen Welt ermöglicht. Verdrängen bedeutet aber auch, Seiten des Lebens und der eigenen Person auszublenden oder zu unterdrücken. Ich bin, so wie ich bin, auch durch das Verdrängen dessen, was ich nicht ertragen könnte oder das ich mir nicht zugestehe zu sein.

Die Kunst des Verdrängens besteht unter anderem darin, so viel auszublenden, damit das Leben erträglich wird, und so viel zuzulassen, dass eine reiche, starke Persönlichkeit entsteht.

Einleitung

Verdrängen hat einen schlechten Ruf

Verdrängung ist vermutlich so alt wie der Mensch selbst. Einen Namen hat dieses Phänomen allerdings erst, seit Sigmund Freud diesen Begriff in die Psychologie eingeführt hat. In der von ihm entwickelten Psychoanalyse propagierte er das Gegenteil von Verdrängen, nämlich das Aufarbeiten von unangenehmen Erfahrungen, Konflikten und Traumata. Seither hat sich ein Heer von Psychotherapeuten damit eine goldene Nase verdient. Kein Wunder also, dass Verdrängen einen ausgesprochen schlechten Ruf hat. Aber verdient es diesen auch? Und ist Aufarbeiten wirklich so heilsam? Nicht wenige Fachleute wie zum Beispiel die Psychologen Hans Eysenck und George A. Bonanno bezweifeln das entschieden.

Ich möchte etwas zur Rehabilitation des Verdrängens beitragen, denn es ist beileibe nicht nur dieser negative und krankhafte Prozess, als der es oft hingestellt wird. Es ist eine absolut alltägliche Tätigkeit, der wir alle nachgehen. Ein großer Teil davon geschieht unbewusst und ohne unser Zutun. Man kann Verdrängen aber auch trainieren und ganz bewusst einsetzen.

Verdrängung bedeutet weit mehr als das bloße Abschieben unangenehmer psychischer Inhalte in das Unbewusste. Sie kommt vielmehr in verschiedenen Gewändern daher: als Abwehr von Schuld, Scham oder Angst, als Streben nach Harmonie und innerer Balance, als Schutz des Selbstwertes, als Bestätigen von Vorurteilen oder Verdecken von Lebenslügen. Auch die Entwicklung unserer Persönlichkeit erfordert Verdrängung. Ohne diese Fähigkeit wäre der Mensch vermutlich gar nicht lebensfähig.

Verdrängen trägt durchaus zu unserem Glücklichsein bei. Es ist ein wahrer Wundermechanismus. Es lässt uns ruhig schlafen, verleiht uns Selbstwert, gibt uns das Gefühl, gute Menschen zu sein, und befreit uns von Schuld. Mehr kann man ja wirklich nicht verlangen.

„Mich wundert, dass ich so fröhlich bin“

Die menschliche Existenz ist wahrlich auf keine stabile Basis gestellt. Wir sind in diese Welt geworfen und müssen zusehen, wie wir darin zurechtkommen. Treffend und berührend drückt es Heinrich von Kleist in einem Brief aus: *„Ich komme, ich weiß nicht von wo. Ich bin, ich weiß nicht was. Ich fahre, ich weiß nicht wohin. Mich wundert, dass ich so fröhlich bin.“*

Ein Teil dieses Wunders liegt sicherlich in unserer Fähigkeit, verdrängen zu können und nur *die* Wahrheit zuzulassen, die wir auch ertragen können.

Ich möchte aber nicht verschweigen, dass dieses wunderbare Konzept des Verdrängens auch Grenzen hat, außerhalb derer sich die Vorteile in Nachteile verkehren. Wie Sie sich davor schützen können, wird in diesem Buch ebenfalls behandelt.

„Ich komme, ich weiß nicht von wo.
Ich bin, ich weiß nicht was.
Ich fahre, ich weiß nicht wohin.
Mich wundert, dass ich so fröhlich bin.“

Heinrich von Kleist

Verdrängung – was ist das?

Sigmund Freud, der „Vater" der Psychoanalyse

Liest man bei Experten nach, was Verdrängung eigentlich ist, so bleibt man eher verwirrt zurück. Für die einen sind es ausschließlich unbewusste Abwehrprozesse der Psyche, für andere gibt es auch bewusstes Verdrängen. Manche Wissenschaftler meinen, dass es dieses Phänomen gar nicht gibt, andere wieder behaupten, dass man dem Hirn beim Verdrängen geradezu zuschauen könne. Was stimmt also?

Es begann mit Freud

Versuchen wir es der Reihe nach: Das Konzept der Verdrängung stammt ursprünglich von Sigmund Freud. Er verstand darunter Abwehrmechanismen, die aktiv werden, wenn bedrohliche und mit dem Ich nicht vereinbare Inhalte in das Bewusstsein dringen wollen. Eine wichtige Funktion der Verdrängung besteht darin, den Selbstwert des Individuums zu schützen und es vor unangenehmen Gefühlen wie Angst, Scham oder Schuld zu bewahren. Um das zu erklären, muss ich ein wenig ausholen: Nach der psychoanalytischen Lehre, die von Freud begründet wurde, besteht die Psyche des Menschen aus drei Instanzen, dem Ich, dem Es und dem Über-Ich. Das Es entspricht weitgehend dem Unbewussten. Dort sind die Triebe, die Bedürfnisse und Gefühle angesiedelt. Das Über-Ich ist die moralische Instanz. Es entsteht durch die Verinnerlichung der Normen, die wir von den Eltern und den Lehrern, von der Kirche, der Gesellschaft und anderen Autoritäten erhalten haben. Und es ist der Gegenspieler des Es. Das Ich ist der Vermittler zwischen dem auf Lustgewinn ausgerichteten Es, dem moralischen Über-Ich und der Realität. Kein leichter Job. Das Es kann mit seinen Triebwünschen das Ich ganz schön in Bedrängnis bringen. Um es vor solchen Konflikten zu schützen, werden eben die Abwehrmechanismen eingesetzt.

Sigmund Freud trug selbst einiges zur Begriffsverwirrung bei. Zunächst taucht in seinen Schriften die Bezeichnung Abwehr auf. Damit sind solche Mechanismen gemeint, mit denen sich das Ich gegen unerträgliche oder peinliche Vorstellungen und Gefühle sträubt. Später tritt an die Stelle der Abwehr der Begriff Verdrängung. In späteren

Schriften greift Freud wieder auf Abwehr zurück und Verdrängung wird zu einem Spezialfall der Abwehr herabgesetzt. Anna Freud, die Tochter von Sigmund Freud, beschreibt in ihrem 1936 erschienenen Buch „Das Ich und die Abwehrmechanismen“ zehn solcher Schutzmaßnahmen, von denen die Verdrängung eben nur eine darstellt.

Verdrängtes will ins Bewusstsein

Verdrängte Inhalte werden nach Ansicht der psychoanalytischen Schule im Unbewussten nicht einfach abgelegt, sie entwickeln dort vielmehr eine rege Dynamik. Sie streben danach, ins Bewusstsein zu gelangen, werden aber vom Ich daran gehindert. So bleibt ihnen nichts anderes übrig, als sich im Verhalten zu äußern, wie z. B. den berühmten Freud'schen Versprechern. In diesen Fällen nützt das Es die Chance einer Wortähnlichkeit, um das auszusprechen, was sonst sorgsam im Unbewussten gehütet wird.

Einen sehr peinlichen Freud'schen Versprecher erlebte ich als Student. Von einem meiner Universitätslehrer hieß es, dass er eine nationalsozialistische Vergangenheit habe. Bei einer kleinen Feier, zu der nur die Dissertanten eingeladen waren, sagte er ungefähr: „Unser Institut hat eine lange Tradition bis zu meinem seligen Lehrer *Benito Mussolini.*“ Entsetztes Schweigen. Er wollte eigentlich „Vittorio Benussi“ sagen, so hieß nämlich sein Lehrer tatsächlich. Die Klangähnlichkeit hatte ihm noch nach Jahrzehnten einen Streich gespielt.

Und noch ein Beispiel, diesmal eines aus der Politik: Der Vorstand einer Stadtpartei hatte getagt, um den Spitzenkandidaten für die nächste Bürgermeisterwahl zu bestimmen. Zwei Personen rangen um diese Position. Als schließlich der Sieger feststand und sich den Medien stellte, sagte er: „Ich bin von einer *überwältigten* Mehrheit gewählt worden.“ Mit diesem Versprecher verriet er, was er eigentlich verdecken wollte: Dass das Votum nicht durch die begeisterte Zustimmung der Delegierten, sondern durch den Druck des Kandidaten zustande gekommen war.

„Redekur" versus Verdrängen

Nach psychoanalytischer Lehre müssen Konflikte, die verdrängt wurden, aufgearbeitet, d. h. in das Bewusstsein geholt werden. Dagegen leistet das Ich Widerstand. Hilfsmittel, mit denen verdrängte Inhalte bewusst gemacht werden können, sind die Traumdeutung und die freie Assoziation. Dazu ließ Freud seine Patienten auf der berühmten Couch Platz nehmen und forderte sie auf, alles zu sagen, was ihnen gerade in den Sinn kam. Diese entspannte und vertrauensvolle Situation sollte die Tür zum Unbewussten einen Spaltbreit öffnen, damit verdrängte Inhalte sich dort durchschwindeln können.

Freud war der Meinung, dass das Aussprechen schon genüge, um den zugrunde liegenden Konflikt wirkungslos zu machen. Er bezeichnete seine Therapie daher auch als „Redekur". Dass Worte heilen können, ist eine wichtige Entdeckung Freuds und wird heute allgemein anerkannt. Allerdings wird vielfach bezweifelt, ob das Aussprechen und Bewusstmachen allein schon genüge. Das mag für die verklemmten Moralvorstellungen der Zeit, in der Freud seine revolutionären Theorien entwickelte, seine Richtigkeit gehabt haben. Heute leiden wir eher darunter, dass Menschen hemmungslos und in aller Öffentlichkeit ihre persönlichen Konflikte ausbreiten, so wie es in vielen Talkshows üblich ist. Diesen bereitwillig und selbstgefällig dargebotenen „Geständnissen" fehlt die reinigende oder heilende Wirkung, denn es werden dabei keine inneren Schranken überwunden.

Das Unbewusste ist mehr

Der Mensch ist nicht (oder nicht nur) dieses geistige Wesen, das bewusst die Realität wahrnimmt, bewertet und rationale Entscheidungen trifft. Es ist das große Verdienst Freuds, die Bedeutung des Unbewussten für die Steuerung unseres Verhaltens dargestellt zu haben. Allerdings beschrieb er diesen Bereich als einen eher unheimlichen Ort, an dem die Triebe, insbesondere der Sexualtrieb, herrschen und in dem Ängste, verdrängte traumatische Erlebnisse und uneingestandene Sehnsüchte verwahrt werden. Durch die Ergebnisse der Hirnforschung wissen wir heute, dass das Unbewusste aber viel mehr umfasst und viel mehr kann. Es ist dafür verantwortlich, dass automatisierte Prozesse wohl koordiniert und zuverlässig ablaufen, ohne dass das Bewusstsein einzugreifen braucht wie z. B. beim Autofahren, Radfahren oder Klavier spielen. Den Fähigkeiten des Unbewussten verdanken wir auch, dass wir sprechen können, ohne darüber nachdenken zu müssen, wie wir die einzelnen Laute, Wörter oder Sätze bilden. Es sprudelt scheinbar mühelos aus uns heraus. Wir wissen heute, dass die Wahrnehmung maßgeblich über das Unbewusste läuft und nur ein geringer Teil überhaupt ins Bewusstsein gelangt. Erst vor rund fünfzig Jahren wurde entdeckt, dass der Mensch nicht nur bewusst, sondern auch unbewusst lernt. Und auch Entscheidungen werden häufig nicht vom Bewusstsein getroffen. Diese „Bauchentscheidungen" zeichnen sich dadurch aus, dass sie uns unglaublich rasch und mühelos, ohne langes Abwägen, Überlegen und Grübeln zur Verfügung stehen. Auf diese Weise werden wir darüber hinweggetäuscht, dass sie in Wahrheit das Ergebnis umfangreicher und komplizierter Prozesse sind, die unbewusst ablaufen. Der gesamte Erfahrungsschatz, den das betreffende Individuum im Laufe seines Lebens angesammelt hat, wird dabei berücksichtigt. Untersuchungen haben gezeigt, dass solche Bauchentscheidungen länger Bestand haben als die Ergebnisse aufwendiger Kopfarbeit. Und wer meint, dass nur relativ unwichtige Entscheidungen vom Unbewussten getroffen werden, irrt gewaltig. Das Gegenteil ist der Fall. Je komplizierter die Situation, desto eher verlassen wir uns auf das Bauchgefühl. Beim Kauf eines Kühlschrankes wird vermutlich mehr bewusstes Überlegen, Bewerten und Abwägen eingesetzt als bei der Berufsentscheidung oder der Wahl des Lebenspartners bzw. der Lebenspartnerin.

Nachdem die Würfel gefallen sind, fühlt sich das Bewusstsein meist bemüßigt, nach einer vernünftigen Begründung dafür zu suchen, dass gerade diese Alternative gewählt wurde. Denn man steht ja vor sich selbst und den anderen besser da, wenn man nicht aus einem Gefühl heraus, sondern aufgrund rationaler Überlegungen entschieden hat.

Wo Ich war soll Es werden

■ **Nach der psychoanalytischen Lehre** sollen Triebregungen, die zu Konflikten mit der Realität, dem Ich oder dem Über-Ich führen, bewusst gemacht werden. „Wo Es war soll Ich werden", wie Freud es ausdrückte. In krankhaften Fällen eines psychischen Traumas mag das der richtige Weg sein. Im gesellschaftlichen Alltag unserer Zeit wäre eher die andere Richtung zu empfehlen. Wir sind sehr „verkopfte" Wesen, die der Illusion nachjagen, das Leben vom bewussten Ich aus rational erfassen und kontrollieren zu können. Die Schätze des Unbewussten sind vielfach vom Bewusstsein überlagert. Wir sprechen zum Beispiel von „bewusster Ernährung", statt zu lernen, darauf zu horchen, was unser Körper will. Bewusstes Verhalten anstelle der Entwicklung von Sensibilität dafür, was „Es" verlangt. Langsam aber regt sich eine Gegenbewegung des „Bauchgefühls". Wir haben mehr und mehr Interesse daran, das gigantische Wissen des Unbewussten anzuzapfen, auf seine Wünsche zu horchen und seinen Intuitionen zu folgen. Eine wichtige Forderung für das 21. Jahrhundert könnte daher sein: „Wo Ich war soll Es werden." Zumindest in manchen Bereichen des Lebens.

Verdrängung als Notlösung

Nach Auffassung der psychoanalytischen Schule versteht man also unter Verdrängung einen unbewussten Abwehrmechanismus, durch den ein bedrohlicher Inhalt in das Unbewusste abgeschoben wird. Dabei darf man nicht übersehen, dass Freud in der Verdrängung einen krankhaften Prozess sah. Verdrängung ist somit gewissermaßen eine Notlösung der Psyche und gleicht dem Stecker-Herausziehen, um größeren Schaden zu vermeiden. Sie ist das komplette Verleugnen der Realität statt einer Modifizierung und gezielten Veränderung.

Dazu ein Beispiel: Ich kannte eine Sekretärin, die bei einem Rechtsanwalt arbeitete. Es war ihr erster Job und sie war entsprechend überfordert, sodass sie mit dem Aufarbeiten der Akten nicht nachkam. Sie konnte es allerdings mit ihrem Selbstwert nicht vereinbaren, versagt zu haben, und so verfiel sie auf die wahnwitzige

Idee, die liegen gebliebenen Akten zu verbrennen. Diese Notlösung hat, wie Sie sich denken können, die Not der Sekretärin nur noch vergrößert.

Ein perfektes Modell des Verdrängens im Sinne des Abschiebens ins Unbewusste hätte sie geliefert, wenn sie die Akten nicht verbrannt, sondern vergraben hätte. Dann wären sie auch weg gewesen, aber es hätte zumindest eine kleine Chance bestanden, sie wiederzufinden. Ganz ähnlich verhält es sich mit verdrängten Inhalten. Sie sind zwar aus dem Bewusstsein verschwunden, können aber in manchen Fällen wieder ans Licht gelangen. Ich hätte meiner Bekannten gewünscht, sie hätte eine bessere Methode gefunden, ihren Selbstwert zu bewahren, als nach dem Motto „aus den Augen, aus dem Sinn" sich des Beweises ihres Versagens zu entledigen.

Verdrängung ist subtiler. Versuch einer Definition

Die Psyche verfügt über viel subtilere Methoden als das Verschieben in das Unbewusste. So gehört es auch zum Verdrängen, wenn jemand die Realität nicht gänzlich leugnet, sondern nur einen ganz bestimmten Ausschnitt davon wahrnimmt und akzeptiert. Oder wenn die Wahrnehmung oder die Erinnerung ganz gezielt verändert werden. Zur Verdrängung gehört aus meiner Sicht ein ganzes Bündel von Maßnahmen, bewusste und unbewusste, mit denen die Realität abgewehrt, abgeschwächt oder verändert wird, damit sie dem Ich

Ist die Wahrheit dem Menschen zumutbar?

■ **„Die Wahrheit ist dem Menschen zumutbar"**, postulierte die Schriftstellerin Ingeborg Bachmann. Aber ist sie das wirklich? Ich stelle dagegen: Der Mensch mit seinen bewussten und unbewussten Anteilen bestimmt in jedem Moment selbst, wie viel Wahrheit oder welche Wahrheit ihm zumutbar ist. Da hilft kein juridisches, moralisches oder pädagogisches Gebot. Die Wahrheit ist eben vielfach nicht zumutbar, sondern eher eine Zumutung.

zumutbar wird. Ich verstehe Verdrängung also etwa in dem Sinn, wie sie der ursprünglichen Version von Freud entspricht.

In jedem Fall ist die Verdrängung gegenüber dem Vergessen abzugrenzen. Verdrängen wird als aktiver Prozess gesehen, der Energie verbraucht oder bindet. Vergessen ist hingegen ein passiver Vorgang, der ohne Anstrengung und ohne unser Zutun abläuft. Und das meist zuverlässiger, als uns lieb ist.

Insofern ist der Untertitel dieses Buches nicht ganz korrekt. Aber ich nehme an, dass die Librettisten der „Fledermaus", aus der die Zeile „Glücklich ist, wer vergisst, was doch nicht zu ändern ist" stammt, dabei nicht das Vergessen, sondern das Verdrängen im Sinn hatten.

Wie unbewusstes Verdrängen funktioniert

Der weitaus größte Teil des Verdrängens spielt sich im Unbewussten ab, sodass wir gar nicht wissen, welches gezielt veränderte Bild wir uns von der Welt machen, um Zustände der Unlust, der Angst, der Dissonanz oder der Bedrohung unseres Selbstwertes von unserem Ich fernzuhalten oder aufzulösen (mit bewusstem Verdrängen werden wir uns später auseinandersetzen). Um diese Aufgabe zu erfüllen, kann die Psyche an zwei Punkten ansetzen. Sie kann

- verhindern, dass bedrohliche Inhalte wahrgenommen werden (Wahrnehmungsabwehr),
- Erinnerungen abschwächen oder umgestalten.

Wahrnehmungsabwehr

Wenden wir uns zunächst der Wahrnehmungsabwehr zu und schauen wir, ob sich wissenschaftliche Nachweise für solche unbewussten Verdrängungsmechanismen finden lassen. Es geht also um die Frage, ob von der Psyche solche Inhalte, die zu einem Konflikt führen oder den Selbstwert bedrohen würden, gezielt abgewehrt werden können. Aber da stehen wir schon vor einem Problem. Kann man etwas abwehren, noch bevor man es bewusst wahrgenommen hat? Die Logik sagt Nein, denn man müsste doch zunächst einmal wissen, ob etwas bedrohlich ist, bevor man es abschieben kann. Allerdings wäre es dann schon bewusst. Um diesem Dilemma zu entgehen, hat sich die Natur etwas Raffiniertes ausgedacht. Dazu ist es aber notwendig, dass wir uns zunächst einmal ansehen, wie Wahrnehmung eigentlich funktioniert.

Bis in die Mitte des 20. Jahrhunderts stellte man sich – auch in der Wissenschaft – die Wahrnehmung als bewussten Vorgang vor. Das entsprach dem herrschenden Bild des Menschen, des rationalen, geistigen Wesens, das bewusst handelt und nicht von unbewussten Mechanismen bestimmt wird. Heute weiß man es besser: Der größte Teil des Wahrnehmungsvorgangs spielt sich unbewusst ab. Dem Bewusstsein wird erst das Ergebnis mitgeteilt.

Wahrnehmen ist Deutung

Wenn unser Auge einen Gegenstand wie z. B. eine Kaffeetasse erblickt, wird dieses Bild blitzartig mit ähnlichen, bereits gespeicherten Bildern verglichen. Wird das Unbewusste fündig und entdeckt es eine „Schublade“, in der sich bereits ähnliche Bilder befinden, so wird das Ergebnis „Kaffeetasse“ dem Bewusstsein mitgeteilt. Dieses erkennt also nicht ein Bild, sondern lediglich eine Kategorie oder eine Deutung. Es ist nicht so, dass wir ein Bild sehen und es dann deuten („Was ist denn das, was ich hier sehe?“), sondern was wir erleben hat bereits eine Deutung erfahren, noch bevor wir uns dessen bewusst werden. Durch diese Vorarbeit des Unbewussten sind wir in der Lage, eine Kaffeetasse als solche zu erkennen, auch wenn es sich um ein sehr ausgefallenes Exemplar handelt. Es bereitet uns auch keine Schwierigkeiten, eine verkehrt herum gehaltene Kaffeetasse als solche zu identifizieren.

Wir nehmen nur wahr, was wir kennen

■ **Wir können nur wahrnehmen,** was wir erwarten oder für wahrscheinlich halten. Wissenschaftler glauben daher, dass die Ureinwohner der Karibischen Inseln die Schiffe des Christoph Columbus nicht sehen konnten, als diese am Horizont auftauchten. In ihren Gehirnen befand sich keine Erfahrung, dass solche Gegenstände existieren. Es brauchte wohl einige Zeit, bis für diese neue Realität Strukturen im Hirn aufgebaut waren und die Schiffe als solche wahrgenommen werden konnten.

Das Unbewusste macht dem Bewusstsein ein Angebot und dieses wird in der Regel auch angenommen. Meist merkt das Bewusstsein nicht einmal, dass es mehrere Möglichkeiten gäbe, wie z. B. beim sogenannten Necker-Würfel (siehe Seite 24).

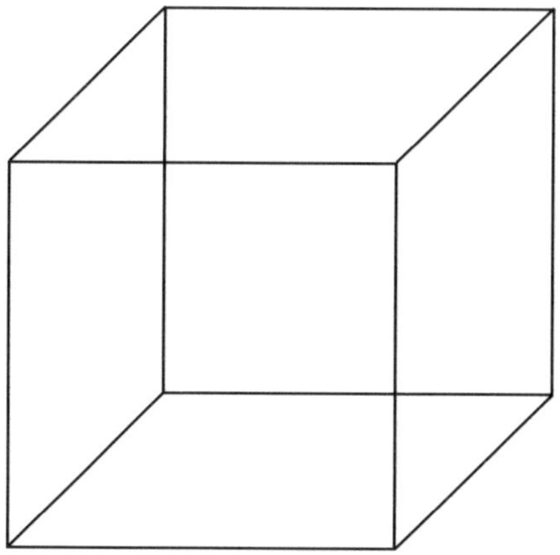

Der Necker-Würfel

In Wahrheit handelt es sich bei dieser Abbildung um eine Anordnung von Linien auf einer Fläche. Wir sehen aber die Darstellung eines Würfels oder besser gesagt eines von zwei verschiedenen Würfeln und können uns nicht dagegen wehren.

Der unbewusste Prozess der Wahrnehmung berücksichtigt auch bestimmte Wahrscheinlichkeiten. Bei der nebenstehenden Abbildung werden Sie, ob Sie wollen oder nicht, oben Erhebungen (Noppen) und unten Vertiefungen (Dellen) sehen. Der Grund ist einfach: Gewöhnlich kommt das Licht von oben. Die Schattenbildung wird daher unbewusst so interpretiert, als befände sich dort die Lichtquelle. Schatten oben bedeutet daher Vertiefung, Schatten unten hingegen Erhebung. Wenn Sie das Bild um 180 Grad drehen, werden Sie sehen, dass aus den Noppen Dellen werden und umgekehrt.

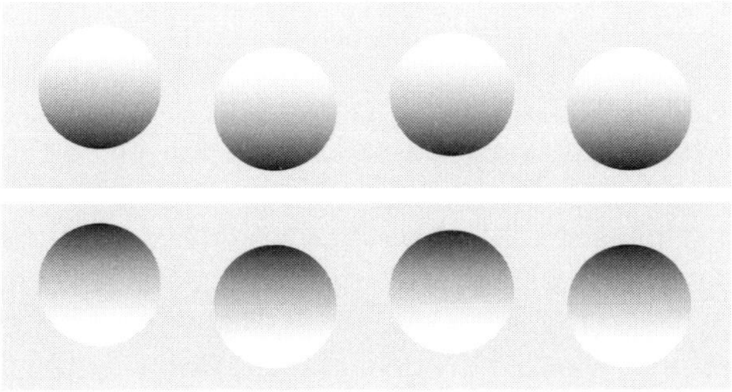

Oben Noppen, unten Dellen. Das Unbewusste bestimmt, was Sie sehen.

Zurück zu der Frage, ob sich wissenschaftlich nachweisen lässt, ob der Mensch in der Lage ist, unangenehme Inhalte abzuwehren, noch bevor sie sein Bewusstsein erreicht haben. Tatsächlich gibt es eine Reihe von Experimenten, die genau das bestätigen: Das Unbewusste sträubt sich gegen unangenehme Inhalte, indem es die Wahrnehmung erschwert. Dazu zitiere ich im Folgenden einige Untersuchungen aus „Das Unbewusste und die Abwehrmechanismen" von Christoph Werner und Arnold Langenmayr.

Der Vorsprung des Unbewussten vor dem Bewusstsein

M. Bock und Kollegen konnten in einem raffiniert angelegten Experiment zeigen, dass die emotionale Bedeutung von Wörtern erkannt wird, noch bevor der Sinn der Wörter erfasst wurde. Das muss man sich einmal klarmachen: Wir sind in der Lage, zu erkennen, ob ein Wort einen angenehmen oder unangenehmen, sympathischen oder unsympathischen, ängstigenden oder neutralen Inhalt hat, noch bevor wir wissen, welche semantische Bedeutung es hat. Damit ist die Voraussetzung dafür geschaffen, dass die Wahrnehmung eines emotional unerwünschten Begriffes abgewehrt werden kann, ohne dass das Wort in seiner Bedeutung überhaupt in das Bewusstsein gelangt ist. Dieser Vorsprung des Unbewussten vor der bewussten Wahrnehmung kann natürlich nur dann zur Abwehr genützt werden, wenn die Information schwach und diffus ist. Bei einem entsprechend prägnanten Eindruck wird die bewusste Wahrnehmung nicht gänzlich zu verhindern sein. Aber das Unbewusste versucht es zumindest.

Damit ein optischer Reiz, etwa ein Wort, bewusst wahrgenommen werden kann, muss er mit einer Mindestdauer dargeboten werden. Diese Zeitspanne wird als Wahrnehmungsschwelle bezeichnet. Unter 30 Millisekunden gibt es keine bewusste Wahrnehmung. In einer Reihe von Experimenten wurde festgestellt, dass diese Schwelle bei Wörtern mit belastendem Inhalt höher ist als bei neutralen Wörtern; sie werden also verlangsamt oder erschwert wahrgenommen. Auch dies ist ein Hinweis darauf, dass sich das Unbewusste sträubt, unangenehme Inhalte ins Bewusstsein dringen zu lassen, und dies nur erlaubt, wenn ihm durch den Wahrnehmungsdruck gewissermaßen nichts anderes übrig bleibt.

Der Stroop-Effekt

Interessant sind in diesem Zusammenhang auch die Untersuchungen mit dem sogenannten Stroop-Effekt, der von J. Ridley Stroop 1935 zum ersten Mal beschrieben wurde. Sie kennen vielleicht die Stress erzeugende Aufgabe, die Farbe eines geschriebenen Wortes zu benennen, das eine andere Farbe bezeichnet, wenn also z. B. das Wort Rot in grüner Farbe geschrieben ist. Da zwei unterschiedliche Informationen im Hirn einlangen (das Wort Rot und die grüne Farbe), müssen sie erst gegeneinander abgewogen und eine davon unterdrückt werden. Das dauert länger, als wenn das Wort in einer neutralen Farbe etwa in Schwarz geschrieben wäre oder – noch besser – wenn Wortbedeutung und Farbe übereinstimmen würden. Dieser Effekt, dass die Farbe von Wörtern nur verzögert benannt werden kann, zeigt sich auch bei emotional belastenden Begriffen. Wenn also unter neutrale Wörter, die in unterschiedlichen Farben geschrieben sind, emotional belastende oder Angst erzeugende gemischt werden, dauert die Farbnennung bei letzteren länger als bei den neutralen. Man erklärt den Stroop-Effekt bei emotional belastenden Begriffen so, dass für die Verdrängung dieser Wörter so viel Energie aufgewendet werden muss, dass für andere Belange wie z. B. die Farbe des Wortes nicht mehr genug davon vorhanden ist.

In einer Untersuchung von Edna Foa und Kollegen zeigte sich, dass Frauen, die unter einer posttraumatischen Stressstörung nach einer Vergewaltigung leiden, für die Benennung der Farben von Wörtern, die eine vergewaltigungsbezogene Bedrohung zum Inhalt haben, eine signifikant längere Reaktionszeit hatten als nicht traumatisierte Frauen.

Besonders eindrucksvoll konnte die Wirkung von Verdrängungsprozessen mithilfe des Stroop-Effektes in einem Experiment mit Rauchern nachgewiesen werden. Eine Gruppe wurde 12 Stunden lang daran gehindert, zum geliebten Glimmstängel zu greifen, während eine andere Gruppe nach Herzenslust rauchen durfte. Man kann sich vorstellen, dass das Rauchverlangen bei ersterer Gruppe beträchtlich angestiegen war, während die andere Gruppe keinen solchen Druck zu erleiden hatte. Bei der am Rauchen gehinderten Gruppe zeigte sich eine deutliche Verlangsamung der Farbennennung von Wörtern, die mit Rauchen zu tun hatten, gegenüber den Personen, die rauchen durften. Bei neutralen Wörtern war kein Unterschied zwischen den beiden Gruppen festzustellen.

Wie bereits erwähnt, besteht eine Erklärung dieses Phänomens darin, dass zur Verdrängung des unerwünschten Reizwortes Energie aufgewendet werden muss, die dann zur Benennung der Farbe fehlt. Eine andere Interpretation geht davon aus, dass die Psyche versucht, das bedrohliche Wort zu verdrängen. Da dies aufgrund der Deutlichkeit der Präsentation des Wortes nicht gelingt, wird ein Nebenaspekt, eben die Farbe, zu verdrängen gesucht. Ähnliches spielt sich auch im Alltagsleben ab. Wenn man mit einer unsympathischen Person konfrontiert ist, die man gerne aus dem Bewusstsein verdrängen würde, es aber nicht kann, behilft sich die Psyche gelegentlich damit, wenigstens den Namen zu „vergessen“.

Zusammenfassend kann man also sagen: Es konnte experimentell nachgewiesen werden, dass die Psyche in der Lage ist, ganz spezifische Wahrnehmungsinhalte vom Bewusstsein fernzuhalten. Es sind dies unangenehme, bedrohliche oder ängstigende Informationen. Diese Prozesse laufen großteils unbewusst ab. Wenn der Wahrnehmungsdruck zu groß ist, gelingt die Verdrängung zwar nicht, das Unbewusste schafft aber durch die Verzögerung die Möglichkeit der Abwehr.

„Jeder Mensch erfindet sich früher oder später eine Geschichte, die er für sein Leben hält."

Max Frisch

Das Umschreiben der Erinnerung

Wie wir gesehen haben, setzt das Verdrängen oft schon bei der Wahrnehmung von Inhalten ein. Es kommt zur Wahrnehmungsabwehr oder Wahrnehmungsverzerrung.

Aber auch dann, wenn Inhalte die Schwelle der Wahrnehmung passiert haben und im Gedächtnis gespeichert sind, ist für die Verdrängung noch nichts verloren. Ganz im Gegenteil: Bei der Manipulation der Erinnerung ergibt sich ein weites Feld für Verdrängungsprozesse.

Was geschehen ist, ist geschehen. Und das kann man nicht mehr ändern. Klingt logisch, stimmt aber nicht. Denn gerade die Vergangenheit lässt sich leicht verändern. Zumindest die, die im Hirn gespeichert ist. Und das ist immerhin unsere gesamte persönliche Geschichte.

Wissenschaftlicher Nachweis der Verdrängung von Erinnerung

Eine Möglichkeit des Verdrängens besteht darin, dass Erinnerungen gezielt abgeschwächt werden, je nachdem, ob es sich dabei um einen bedrohlichen oder einen neutralen Inhalt handelt. Erlebnisse werden im Laufe der Zeit undeutlich oder man vergisst sie überhaupt. Das ist normal. Von Verdrängen kann man erst dann sprechen, wenn ganz gezielt solche Erinnerungen abgeschwächt werden, die unangenehm sind, den Selbstwert einer Person bedrohen oder mit einem Konflikt in Zusammenhang stehen. Zur gezielten Veränderung von Erinnerung gibt es eine Reihe experimenteller Untersuchungen. Zwei davon möchte ich hier beschreiben (vgl. Werner C. und A. Langenmayr, 2005).

Unerledigtes wird besser erinnert

Aus einer Studie der russischen Psychologin Bluma Zeigarnik weiß man, dass unerledigte Aufgaben besser erinnert werden als erledigte. Dieses Phänomen wird als Zeigarnik-Effekt bezeichnet. Es handelt sich dabei um eine überaus sinnvolle Programmierung unseres Gehirns, erhöht sie doch die Wahrscheinlichkeit, dass etwas, das man sich vorgenommen, aber nicht erledigt hat, nicht vergessen, sondern später in Angriff genommen und zu einem hoffentlich guten Ende gebracht wird. Das betrifft auch ganz alltägliche Erledigungen, an deren Ausführung man gehindert wird. Auch die Daily Soaps im Vorabendprogramm des Fernsehens machen sich diesen Effekt zunutze, indem gegen Ende einer Folge ein Problem angerissen, aber nicht ausgeführt wird. Und damit steigt das Interesse der Zuseher und sie sitzen mit großer Wahrscheinlichkeit auch am nächsten Abend vor dem Fernseher.

Bedrohung des Selbstwertes schwächt die Erinnerung

Zurück zur experimentellen Erforschung der Erinnerung. A. F. Glixman ließ Testpersonen 20 Aufgaben (Labyrinth-Aufgaben, Satzvervollständigungen, Zahlenvergleiche) lösen. Die Testanordnung war so gestaltet, dass es nicht möglich war, alle Aufgaben zu erledigen. Dabei simulierte Glixman drei verschiedene Stressbedingungen, die den Selbstwert in unterschiedlichem Ausmaß betrafen: Einer Gruppe wurde gesagt, man wolle prüfen, wie lange man für die Lösung solcher Aufgaben braucht. Es ginge nicht um die Leistung der Person, sondern um eine Beurteilung der Testaufgaben. Der Selbstwert war also im Falle des Versagens nicht bedroht. Der zweiten Gruppe wurde angedeutet, dass die Ergebnisse mit ihren Fähigkeiten in Verbindung stünden. Einer dritten Gruppe wurde eindringlich erklärt, dass ihre Fähigkeiten ermittelt würden. Es zeigte sich, dass unerledigte Aufgaben umso weniger erinnert wurden, je höher der selbstwertbedrohende Stress beim Test war.

Solche und ähnliche Laboruntersuchungen belegen, dass die Psyche über die Fähigkeit verfügt, sich gegen unangenehme Inhalte zu wehren, indem sie die Erinnerung daran abschwächt.

Das Gehirn beim Erinnern beobachten

Was tut sich eigentlich im Gehirn, wenn wir in Erinnerungen kramen, von Erlebnissen berichten oder Kenntnisse abrufen? Wolf Singer, Direktor am Max-Planck-Institut für Hirnforschung in Frankfurt am Main, berichtet von einem Tierexperiment mit weitreichender Bedeutung (Singer 2002, S. 83). Damit eine Erfahrung abgespeichert werden kann, muss sich diese erst „setzen“, d. h. sie braucht eine Konsolidierungsphase. Dieser Prozess kann Stunden oder auch Tage dauern. Wird er gestört, so können Gedächtnisspuren vollständig ausgelöscht werden. Experimentell kann man den Konsolidierungsprozess dadurch stören, dass die Eiweißsynthese in den Nervenzellen unterbrochen wird. In dem angeführten Experiment lernten die Tiere, dass sie für bestimmte Handlungen belohnt werden. In wiederholten Tests, die sich über Monate hinzogen, zeigte sich, dass sich die Tiere gut an den gelernten Zusammenhang von Verhalten und Belohnung erinnerten. Nach einem solchen Test wurde die Konsolidierungsphase absichtlich gestört. Das überraschende Ergebnis: Die Tiere hatten jede Erinnerung an das Gelernte verloren, obwohl sie es vorher gut beherrscht hatten. Wurde jedoch die Konsolidierungsphase gestört, ohne dass vorher eine Testung erfolgt war, so trat keine Auslöschung der Erinnerung ein. Wie kann man das erklären? Beim Test wird das Gelernte gewissermaßen aus dem Speicher hervorgeholt, neu bearbeitet und in der bearbeiteten Form wieder abgelegt. In dieser Phase kann mit der Erinnerung alles passieren. Erfolgt nun eine Störung, wie im Experiment durch Unterbrechung der Eiweißsynthese, so kann keine oder nur eine gestörte Erinnerung abgelegt werden. Ist das Gelernte aber während der Unterbrechung der Eiweißsynthese im Erinnerungsspeicher verwahrt, so passiert nichts, die Erinnerung bleibt also erhalten.

Erinnern ist wie neuerliches Wahrnehmen

Wenn also eine Erinnerung aufgerufen wird, ist es so, als würde sie neu wahrgenommen. Und sie braucht auch wieder eine Konsolidierungsphase, um gespeichert zu werden. Entscheidend dabei ist: Sie wird nicht als jene Erinnerung abgelegt, die sie vorher war. Sie ist vielmehr das Ergebnis einer neuerlichen Wahrnehmung.

An Erinnerungen kann man somit nicht mehr feststellen, was ursprüngliches Erleben war und was durch das Aufrufen der Erinnerung hinzugekommen ist, weggelassen oder verändert wurde. Man kann davon ausgehen, dass beim Wiedererinnern die aktuell bestehenden Sichtweisen, Bewertungen etc. in die Neubearbeitung eingehen. Das Erinnern ist eine Deutung des damaligen Erlebens aus heutiger Sicht. Daher Vorsicht bei Geschichten, die oft und oft aus der Erinnerung hervorgeholt und erzählt wurden. Es besteht die Gefahr, dass sie dabei stets ein wenig verändert wurden.

Erinnerung ist kein Buch im Regal

Die Erinnerung unterliegt nicht nur den Gesetzen des Vergessens. Viel gravierender ist, dass sie den Gesetzmäßigkeiten des gezielten Abschwächens und der gezielten Veränderung unterliegt, damit sie zu den „heutigen“ Einstellungen, Werthaltungen, Wünschen und Ängsten passt. Wenn wir ein Erlebnis aus der Erinnerung hervorholen, darf man sich das nicht so vorstellen, als würde man ein Buch aus dem Regal nehmen, es lesen und dann, abgesehen von gewissen Abnützungsspuren, unverändert wieder zurückstellen. Es ist eher so, als würde ein Regisseur die DVD eines Films, den er gedreht hat, aus der Videothek nehmen, ihn mit seinem nunmehrigen Wissens- und Erfahrungshintergrund neuerlich in Szene setzen und das so produzierte Video ins Regal stellen. Dieser neue Film wird, je nach den Einflüssen, denen der Regisseur in der Zwischenzeit ausgesetzt war, von der Vorlage mehr oder weniger stark abweichen. Wenn während der Dreharbeiten der Regisseur durch andere Arbeiten abgelenkt ist oder ihm gar etwas zustößt, wird ein sehr mangelhaftes oder überhaupt kein Video ins Regal zurückgestellt. Das alte gibt es in jedem Fall nicht mehr.

Auch Fertigkeiten, die bereits gut gelernt sind, wie z. B. der Aufschlag im Tennis, unterliegen diesem Prozess. Stellen Sie sich vor, Sie gehen zum Tennistrainer, um an Ihrem Service zu arbeiten. Dabei

Big Brother in unserem Gehirn?

■ **Das nachträgliche Umschreiben der eigenen Geschichte** wurde von George Orwell in seinem 1949 erschienenen berühmten Science-Fiction-Roman „1984" vorweggenommen. Er beschreibt darin einen totalitären Überwachungsstaat. Die Warnung: „Big Brother Is Watching You" ist heute aktueller denn je. Winston, die Hauptfigur des Romans, hat die berufliche Aufgabe, Zeitungen und Bücher umzuschreiben, damit sie mit den Parolen der Partei übereinstimmen. Wenn die Prognose eines Parteiführers nicht der Realität entsprach, musste sie eben nachträglich geändert werden. Wenn alle Aufzeichnungen, so die Doktrin der Partei, übereinstimmten, würde die Lüge zur Wahrheit, denn so die Parteiparole: „Wer die Vergangenheit beherrscht, beherrscht die Zukunft; wer die Gegenwart beherrscht, beherrscht die Vergangenheit."
Gespenstisch. Aber genau das spielt sich in unseren Gehirnen beim Verfassen der Lebensgeschichte ab.

wird die Bewegung aus dem Speicher geholt, durch das Training verändert und dann wieder abgelegt. Diese neue Bewegung braucht nun wieder eine Konsolidierungsphase. Und sollte sich herausstellen, dass die Tipps des Trainers nicht gut waren und Ihr Aufschlag jetzt schlechter funktioniert als vorher, dann können Sie leider nicht einfach wieder Ihre alte Bewegung abrufen. Die gibt es nämlich nicht mehr.

Falsche Erinnerungen

Wie weit können wir unseren Erinnerungen überhaupt vertrauen? Diese Frage muss man sich ernsthaft stellen, wenn man die Ergebnisse von Untersuchungen betrachtet, die Elizabeth F. Loftus, Professorin für Psychologie an der Universität von Washington in Seattle, durchgeführt hat. Offensichtlich ist es gar nicht schwierig, Erinnerungen zu verändern oder überhaupt neue Erinnerungen in das Bewusstsein einzupflanzen. In einem ihrer Experimente ließ sie Testpersonen vier Kindheitserlebnisse ins Gedächtnis rufen, die ihr zuvor von nahen Verwandten berichtet worden waren. Allerdings hatten sich nur drei davon wirklich ereignet, das vierte war frei erfunden. Diese erfundene Episode handelte davon, dass sich die Person als Kind in einem Kaufhaus verirrt hätte. Die Testpersonen erhielten kurze Beschreibungen der vier Geschichten. In Interviews, die sowohl kurz nach dem Lesen als auch in größerem zeitlichen Abstand erfolgten, gaben immerhin 29 Prozent der Testpersonen an, sich mehr oder weniger vollständig an das nie stattgefundene Ereignis erinnern zu können, und das mit oft frappierender Detailgenauigkeit. Elizabeth F. Loftus berichtet zum Beispiel von einer Testperson namens Chris, die angab, ein alter Mann mit einem karierten Flanellhemd habe sie gefunden und ihre Mutter hätte sie ermahnt: „Tu das nie wieder." Ein solches Erinnern an fiktive Ereignisse kann man noch verstärken, indem man die Personen auffordert, sich die Szene intensiv vorzustellen oder indem man die erfundenen mit tatsächlich erlebten Begebenheiten vermischt.

Einer befreundeten Psychotherapeutin verdanke ich die folgende amüsante Geschichte:

„Als ich von einem zweiwöchigen Urlaub zurückkam, fiel mir im Vorzimmer gleich ein roter Teppich auf, von dem ich im Moment nicht wusste, wie er dorthin gekommen war. In den folgenden drei Tagen war ich ziemlich durcheinander und damit beschäftigt, zu rekonstruieren, was es mit dem Teppich auf sich hatte. War ich schon so vergesslich, dass ich mich nicht erinnern konnte, wo ich ihn erworben hatte? Schließlich kam die Erinnerung langsam wieder. Ich hatte ihn bei einer großen Supermarktkette gekauft. Ich konnte mich sehen, wie ich in einer Kiste wühlte und das gute Stück herauszog. Meine Gemütslage beruhigte sich wieder, denn ich wusste ja nun, wie der Teppich in mein Haus gekommen war und dass mein Gedächtnis funktionierte.

Wochen später, als ich mit meiner Putzfrau im Vorzimmer stand, fragte diese mit leisem Vorwurf in der Stimme, warum ich zu dem Teppich nichts gesagt hätte. Sie habe ihn da hingelegt, weil er bei ihr zu Hause von der Katze beschädigt worden wäre.

Da stand ich nun mit meiner zurechtgezimmerten Erinnerung. Im

Nachhinein wurde mir klar, dass meine Befürchtung, vergesslich zu sein, der Antrieb für die falsche Erinnerung war. Erleichtert wurde dies dadurch, dass ich tatsächlich einmal in einem solchen Geschäft einen Teppich gekauft hatte. Ich konnte mich sogar an den Preis erinnern. Es hätte mir aber auffallen müssen, dass der Teppich im Vorzimmer viel wertvoller war als der, den ich damals erworben hatte."

Die Glaubwürdigkeit von Aussagen

Es liegt auf der Hand, welche Auswirkungen die Tatsache, dass Erinnerungen leicht gefälscht werden können, auf die Glaubwürdigkeit von Aussagen hat, die bei Gericht oder in therapeutischen Sitzungen gemacht werden. Suggestive Befragung oder die Aufforderung, der Fantasie freien Lauf zu lassen, geben der Verfälschung von Erinnerungen noch zusätzlich Raum.

In den USA gab es eine Reihe von falschen Beschuldigungen über sexuellen Missbrauch nach therapeutischen Behandlungen. Elizabeth F. Loftus berichtet von einer jungen Frau, die unter Anleitung eines Therapeuten angab, von ihrem Vater, einem Geistlichen, vergewaltigt und zur eigenhändigen Abtreibung gezwungen worden zu sein. Es stellte sich dann allerdings heraus, dass das alles nicht stimmen konnte, da sie noch jungfräulich war. Immerhin erhielt sie vom Therapeuten Schadenersatz von einer Million Dollar.

Wir sind Erinnerung

Für unser Selbstverständnis sind diese Erkenntnisse von allergrößter Bedeutung, denn unsere persönliche Geschichte ist in unseren Erinnerungen gespeichert. Der berühmte Gedächtnisforscher Daniel Schacter nennt eines seiner bekanntesten Bücher nicht ohne Grund: „Wir sind Erinnerung." Und diese Erinnerung ist nicht in Stein gemeißelt, sondern aus weichem Material geformt. Wenn es schon ziemlich einfach ist, Menschen ein bedeutungsloses Erlebnis, das nie stattgefunden hat, einzupflanzen, so kann man sich vorstellen, was sich im Gehirn abspielt, wenn eine Person das dringende Bedürfnis hat, eine Erinnerung loszuwerden oder so zu verändern, dass das Ich sie annehmen kann.

Wenn es um die Wiedergabe der Vergangenheit geht, ist die Erinnerung nicht besonders zuverlässig. Aber wahrscheinlich ist das auch gar nicht die Aufgabe, die ihr von der Natur übertragen wurde. *„Das autobiografische Gedächtnis hat wenig mit der Vergangenheit zu tun, es ist vielmehr dafür da, dass wir uns in der Gegenwart und in der Zukunft orientieren können"*, sagt Hans Markowitsch, Professor für Physiologische Psychologie an der Universität Bielefeld (zitiert nach M. Rollin). Und zu diesem Zweck ist es eben nicht wichtig, ein getreues Abbild der Vergangenheit zu schaffen, sondern die Erinnerung ständig an die Gegenwart anzupassen. Alles, was wir über uns selbst wissen, ist Erinnerung. Aber nicht als festgeschriebene Vergangenheit, sondern als Deutung aus heutiger Sicht.

Der Rückschaufehler

Ein Beispiel dafür, wie Erinnerung umgeschrieben und damit der Selbstwert aufpoliert wird, ist der sogenannte Rückschaufehler. Die Bezeichnung ist nicht sehr glücklich, denn es handelt sich dabei nicht um einen Fehler, sondern um einen ganz gezielt wirkenden Mechanismus. Was Winston im Roman „1984" für die Parteiführung zu erledigen hatte, nämlich deren Prognosen der Realität anzupassen, erledigt die Psyche für uns völlig selbsttätig und ohne unser bewusstes

Der Rückschaufehler

■ **Der Rückschaufehler** (Hindsight-Bias oder Knew-it-all-along-Effekt) wurde erstmals 1975 von Baruch Fischhoff an der Carnegie Mellon University in Pittsburgh untersucht. Man versteht darunter das Phänomen, dass Menschen, nachdem sie den Ausgang eines Ereignisses erfahren haben, sich gezielt falsch erinnern und ihre Schätzungen in Richtung des tatsächlichen Ergebnisses verändern.

Zutun. Wir haben so etwas wie einen „automatischen Winston“ eingebaut.

Eine typische Untersuchung zu diesem Thema führte Erik Hölzl von der Universität Wien durch (zitiert nach G. Rüschemeyer). Er befragte ein halbes Jahr vor Einführung des Euro 122 Österreicher, wie sie die Auswirkungen auf die Zinsen und den Export einschätzten. Ein halbes Jahr nach der Währungsumstellung wurden die Testpersonen zu ihren früheren Antworten befragt. Diejenigen von ihnen, die keine Informationen über den tatsächlichen Verlauf erhielten, konnten sich relativ genau erinnern, welche Schätzungen sie abgegeben hatten. Anders die Teilnehmer, die darüber informiert wurden, wie sich die Zinssätze und Exporte in der Realität entwickelt hatten. Sie behaupteten in weitaus höherem Maße, als es tatsächlich der Fall war, genau das vorausgesagt zu haben.

Hartmut Blank und Volkhard Fischer (2000) führten eine Untersuchung zur Bundestagswahl 1998 in Deutschland durch. Sie ließen Testpersonen schätzen, welchen Stimmenanteil die Parteien erreichen würden. Die mittleren Schätzungen für die CDU/CSU lagen z. B. bei 31,5 Prozent, tatsächlich erreichte sie jedoch 35,1 Prozent. Nach der Wahl, als die Ergebnisse natürlich schon bekannt waren, wurden die Teilnehmer gefragt, welche Voraussage sie getroffen hätten. Dabei verschoben die Testpersonen ihre Erinnerung an die abgegebene Schätzung in Richtung des tatsächlichen Wahlergebnisses und gaben nun für die CDU/CSU im Mittel 34,3 Prozent an.

„Das habe ich immer schon gesagt“

Was hat man eigentlich davon, wenn man nachträglich seine Prognose ändert, damit sie besser mit der Realität übereinstimmt? Offensichtlich ist es den Menschen wichtig, behaupten zu können: „Das habe ich immer schon gesagt“ oder „Das hat ja so kommen müssen“.

Antrieb für den Rückschaufehler ist, wie Untersuchungen zeigen, einerseits der Wunsch, den Selbstwert durch die angedichtete richtige Prognose zu steigern, und andererseits das Bedürfnis, in einer geordneten, voraussagbaren Welt zu leben. Menschen mit geringem Selbstwert und ausgeprägtem Sicherheitsbedürfnis sind daher besonders gefährdet, sich im Rückblick klüger zu machen, als sie es tatsächlich waren. Den Spruch „Nachher ist man immer klüger" müsste man eigentlich umschreiben in „Nachher macht man sich klüger, als man vorher war".

Bewusst verdrängen.
Geht das?

Wie ich bereits ausgeführt habe, wird ein großer Teil der Verdrängungsarbeit vom Unbewussten erledigt. Manchmal aber lässt es uns im Stich. Ein quälender Gedanke, ein traumatisches Erlebnis lässt sich nicht und nicht abschütteln und kreist im Kopf. Was kann man tun? Ist der Mensch überhaupt in der Lage, bewusst zu verdrängen?

Mit roten Volkswagen gegen weiße Bären

Daniel M. Wegner und ein Forscherteam von der Trinity University in San Antonio, Texas, beschäftigten sich experimentell genau mit diesem Thema: der Unterdrückung von unerwünschten Gedanken. Wenn das Unbewusste diese Aufgabe erledigt, gibt es keine Probleme. Schwierigkeiten tauchen jedoch auf, wenn das nicht funktioniert, und wir versuchen, unangenehme Gedanken, Wünsche und Vorstellungen bewusst zu verdrängen. In diesem Fall, so meint Wegner, müssten wir den Plan fassen, einen bestimmten Inhalt vom Bewusstsein fernzuhalten. Aber dieser Plan setzt einen Beobachter in Gang, der darüber wacht, ob wir auch nicht an das denken, was wir eigentlich unterdrücken sollten. Wir müssten, um das Problem zu lösen, den Plan fassen, einen bestimmten Inhalt nicht bewusst werden zu lassen und gleichzeitig auch den Plan selbst aus dem Bewusstsein streichen. Das funktioniert nur leider nicht.

Wegner und sein Team gaben einer Gruppe von Studenten den Auftrag, fünf Minuten lang nicht an einen weißen Bären zu denken. Wenn es ihnen doch passierte, sollten sie eine Glocke läuten. Eine andere Gruppe hatte die gegenteilige Aufgabe: Sie sollte sehr wohl an dieses Tier denken. Die „Verdränger“ hatten mit ihrer Aufgabe ziemliche Schwierigkeiten. Mehr als einmal pro Minute tauchte im Durchschnitt der Gedanke, der eigentlich verdrängt werden sollte, im Bewusstsein auf. Das war zwar deutlich weniger oft als bei der Gruppe, die ausdrücklich aufgefordert worden war, an einen weißen Bären zu denken (sie taten das durchschnittlich ca. dreimal pro Minute), aber als erfolgreiches Verdrängen kann man das nicht bezeichnen. In einem zweiten Testdurchgang wurden die Instruktionen für die beiden Gruppen umgedreht. Dabei zeigte sich, dass die Gruppe, deren Mitglieder vorher versucht hatten, nicht an einen weißen Bären zu denken, nun deutlich öfter dieser Versuchung erlagen als die Testpersonen, die vorher diesen Gedanken zulassen sollten. Es scheint also so etwas wie einen Rückstau gegeben zu haben. Wegner bezeichnet dieses Phänomen als Rebound-Effekt (Rückschlag-Effekt): Personen, die zunächst einigermaßen erfolgreich einen Gedanken verdrängten, waren ihm dann besonders verfallen. Er meint daher, es sei etwas Wahres an der Behauptung, dass die Verdrängung die Mutter der Besessenheit sei.

In einem weiteren Experiment forderten Wegner und seine Kollegen die Testpersonen auf, immer dann, wenn der Gedanke an einen weißen Bären auftaucht, ihn durch das Bild eines roten Volkswagens zu ersetzen. Und das funktionierte. Der Rückschlag-Effekt, d. h. das vermehrte Denken an einen weißen Bären nach der Verdrängungsphase, blieb nun aus.

Man kann diesen paradoxen Effekt, dass Gedanken, die man eigentlich unterdrücken möchte, besonders stark ins Bewusstsein drängen, auch neurologisch erklären. Mit dem Auftrag, nicht an einen weißen Bären zu denken, wird im Hirn eben dieses Neuronenmuster aktiviert, das unterdrückt werden soll. Und damit wird genau diese Vorstellung begünstigt. Man kann an etwas anderes denken als an einen Bären, aber nicht an einen Nicht-Bären.

Was bedeuten diese experimentellen Ergebnisse für das bewusste Verdrängen im Alltag? Eine ganze Menge. Der Versuch, einen unerwünschten Gedanken dadurch zu verdrängen, dass man ihn erst gar nicht ins Bewusstsein kommen lässt, ist zum Scheitern verurteilt. Selbst wenn es kurzzeitig gelingt, eine solche Vorstellung zu unterdrücken, bleibt die „Rache“ des Unbewussten nicht aus: Statt des Verdrängens droht die Besessenheit. Je mehr man sich bemüht, einen Gedanken loszuwerden, desto mehr drängt er ins Bewusstsein. Und wenn dies schon beim harmlosen Gedanken an einen weißen Bären so abläuft, kann man sich vorstellen, um wie viel stärker die er Effekt bei wirklich belastenden Inhalten ist. Dieses paradoxe Phänomen tritt auch auf, wenn jemand versucht, sich über eine Lärmbelästigung, etwa laute Tischnachbarn im Restaurant, nicht zu ärgern. In diesem Moment wird, wie Wegner annimmt, ein Beobachter im

Hirn in Gang gesetzt, der darauf achtet, dass der unangenehme Reiz (Lärm) die unerwünschte Reaktion (Ärger) nicht auslöst. Dazu ist es notwendig, dass Reiz und Reaktion „im Auge“ behalten werden. Sie befinden sich also im Fokus der Aufmerksamkeit. Da darf es nicht verwundern, dass der Lärm besonders intensiv wahrgenommen wird und der Beobachter sich immer dann meldet, wenn es nicht gelungen ist, den Ärger zu unterdrücken.

Das ist so, als würde man bewusst versuchen, einzuschlafen. Aber bewusst kann man sich nur im wachen Zustand wahrnehmen. Die Rückmeldung des Beobachters ist daher immer: Ätsch, du bist noch wach. Es sei denn, er ist vor Erschöpfung eingeschlafen.

Verdrängen auf Knopfdruck

In den letzten Jahren beschäftigten sich Michael C. Anderson und Kollegen von der University of Oregon experimentell mit der Erforschung des Verdrängens unerwünschter Erinnerungen. Natürlich kann man im Labor nicht das Verdrängen traumatischer Erlebnisse untersuchen, man muss sich vielmehr mit relativ harmlosen Inhalten begnügen. Die Forscher aus Oregon ließen Testpersonen Wortpaare lernen, z. B. Ordeal (Prüfung) und Roach (Rotauge). Danach ging es ab in den Scanner, um mit funktioneller Magnetresonanz (fMR) die Hirntätigkeit darzustellen.[1] Während des Scannings wurde den Testpersonen jeweils ein Teil eines Wortpaares präsentiert und sie sollten entweder das assoziierte Wort nennen oder für die Dauer der Präsentation des Begriffes (4 Sekunden) verhindern, dass es ins Bewusstsein gelangt. Danach wurde den Testpersonen wieder jeweils ein Teil eines erlernten Wortpaares vorgegeben, doch diesmal erhielten sie die gegenteilige Aufforderung: Sie sollten sich an den assoziierten Begriff erinnern. Es zeigte sich, dass die Erinnerung bei der Gruppe, die im Scanning die assoziierten Wörter zu ver-

---

[1] Die funktionelle Magnetresonanz ist ein sog. bildgebendes Verfahren. Dabei werden Stoffwechselvorgänge des Gehirns dargestellt, die auf vermehrte Aktivität in der betreffenden Region hinweisen.

drängen hatte, deutlich und nachhaltig geschwächt war. Das Erinnerungsdefizit war umso größer, je öfter das Verdrängen trainiert worden war.

Dem Hirn beim Verdrängen zuschauen

Mit dem Experiment im Scanner wollten Anderson und Kollegen erforschen, was sich im Hirn abspielt, wenn wir verdrängen, und ob es so etwas wie ein neurologisches Modell des Verdrängens gibt. Sie wollten gewissermaßen dem Hirn beim Verdrängen zuschauen. Dabei fanden sie heraus, dass der präfrontale Cortex, das ist der Hirnteil, der hinter der Stirn liegt, und der Hippocampus am Verdrängungsprozess beteiligt sind. Erhöhte Aktivierung des Hippocampus ist verbunden mit erfolgreicher Gedächtnisbildung. Bei der Verdrängung muss dieser Prozess aber gehemmt werden. Der präfrontale Cortex ist u. a. zuständig für das Stoppen vorbereiteter motorischer Reaktionen. Aus der Aktivierung bzw. Nicht-Aktivierung dieser beiden Hirnregionen lässt sich das Ausmaß des Verdrängens voraussagen. Erfolgreiches Verdrängen ist verbunden mit geringer Aktivierung des Hippocampus und erhöhter Aktivierung des präfrontalen Cortex.

Es ist für uns „Normalbürger" nicht wirklich wichtig, zu wissen, welche Regionen des Gehirns an der Verdrängung beteiligt sind. Ich habe es nur angeführt, um zu zeigen, dass bewusstes Verdrängen kein bloßes Hirngespinst ist. Oder dass es gerade ein Hirngespinst ist – und zwar eines, das man im Scanner sehen kann.

Verdrängen ist erlernbar

Das Team um Michael C. Anderson konnte also nachweisen, dass der Mensch sehr wohl „auf Kommando" verdrängen kann. Und noch ein weiterer Beweis gelang ihnen: Verdrängung funktioniert nicht unbedingt so, dass der unerwünschte Inhalt durch einen oder mehrere andere ersetzt wird, dass man also statt an einen weißen Bären an einen roten Volkswagen denkt. Es gibt vielmehr einen aktiven Prozess, der direkt an der unerwünschten Erinnerung ansetzt und das Wiedererinnern schwächt. Der Mensch verfügt somit grundsätzlich über die Fähigkeit, den Knopf „Verdrängung" zu bedienen. Weiters zeigte sich in diesem Experiment, dass die Erinnerung umso mehr geschwächt war, je öfter sie verdrängt wurde. Bewusstes Verdrängen lässt sich also trainieren. Und je öfter es erfolgreich angewendet wird, desto nachhaltiger ist die Wirkung.

Diese Nachricht aus den Forschungslabors ist beruhigend, denn sie bedeutet, dass wir unangenehmen Erinnerungen nicht wehrlos ausgeliefert sind. Das heißt natürlich nicht, dass man tatsächlich nach Belieben unerwünschte Erlebnisse, Bilder oder Vorstellungen „wegdrücken" kann, denn oftmals sind die Realität und die emotionale Betroffenheit stärker. Die prinzipielle Möglichkeit ist aber gegeben.

Bewusstes Verdrängen – eine junge Errungenschaft

Einen Schritt weiter gingen Brendan Depue und seine Kollegen von der University of Colorado. Sie verwendeten nicht neutrale Begriffe, wie das Forscherteam um Michael Anderson, sondern Bilder, die unangenehme Emotionen auslösen. Diese Versuchsanordnung liegt dem Alltag des Verdrängens näher, denn in aller Regel wollen wir unangenehme Erinnerungen loswerden. Die Forscher zeigten Testpersonen Bildpaare, und zwar jeweils eines von einem menschlichen Gesicht und eines von Unfallszenen, verwundeten Soldaten oder elektrischen Stühlen. Anschließend wurden die Testteilnehmer in einen Magnetresonanzscanner geschoben, um ihre Hirntätigkeit aufzuzeichnen. Allen Testpersonen wurden während des Scannings die Personenporträts gezeigt. Eine Hälfte der Gruppe wurde gebeten, sich an die zuvor gezeigten unangenehmen Bilder zu erinnern, die andere Hälfte erhielt den Auftrag, die unangenehmen Erinnerungen zu unterdrücken. Dabei stellten die Forscher Folgendes fest: Zunächst gingen vom präfrontalen Cortex Signale aus, die die sensorischen Bildeindrücke unterdrückten. Dann schickte dieser Hirnteil

Hemmsignale an Regionen, die mit dem Gedächtnis zu tun haben, und in andere, die für die emotionale Bewertung von Erinnerungen sorgen.

Der präfrontale Cortex scheint als Regisseur der bewussten Verdrängung zu fungieren. Das ist deshalb von großer Bedeutung, weil sich dieser Teil des menschlichen Gehirns im Laufe der Evolution erst sehr spät entwickelt hat. Die Fähigkeit des bewussten Verdrängens scheint also eine relativ junge Errungenschaft des Menschen zu sein, es ist aber anzunehmen, dass es unbewusstes Verdrängen schon wesentlich länger gibt und dass es möglicherweise zur Grundausstattung des Menschen gehört.

Vom präfrontalen Cortex sagt man, dass er den Menschen erst zum Menschen macht. Er ist zuständig für die Planung und Kontrolle des Verhaltens. Depue hat auch eine Erklärung dafür, warum sich die Fähigkeit zum Verdrängen im Laufe der Evolution entwickelt hat. Nach der Evolutionsbiologie werden jene zufällig auftretenden Eigenschaften in der Erbmasse weitergegeben, die bessere Überlebensmöglichkeiten bieten. Depue nimmt an, dass die Steinzeitmenschen durch die Verdrängung vor traumatisierenden Erinnerungen, denen sie als Jäger ausgesetzt waren, bewahrt wurden. Ein Jäger, der ständig darüber nachdenkt, dass er nur knapp einem Raubtier entronnen ist, hätte unter diesen Erinnerungen so leiden können, dass er aufgehört hätte, zu jagen, und dann wäre er verhungert. Verdrängen ist, zumindest in manchen Fällen, eine Überlebensstrategie.

Kann Verdrängen heilen?

Nach dem Terroranschlag auf das World Trade Center in New York am 11. September 2001 standen rund 9000 Psychotherapeuten bereit, um den Traumatisierten zu helfen. Zur Verwunderung der Experten kam aber fast niemand, um ihre Dienste in Anspruch zu nehmen. Die meisten Betroffenen zogen es offensichtlich vor, sich mit ihren grauenhaften Erlebnissen nicht zu beschäftigen, sondern sie zu verdrängen, um auf diese Weise wieder Ruhe in ihre aufgewühlte Psyche zu bekommen.

Damit verstießen sie aber gegen die Lehrmeinung, die seit beinahe einem Jahrhundert von Psychoanalytikern und Traumaforschern vertreten wird. Demnach müssen die Verdränger befürchten, dass die Leidensphase verlängert wird, dass diese mit Verzögerung eintritt oder dass sie später von psychosomatischen Symptomen eingeholt werden. Die Sache hat nur einen Haken: Es fehlen die Beweise. Das hat der US-Psychologe George A. Bonanno mit Verwunderung festgestellt, nachdem er die einschlägigen Forschungsberichte durchgeackert hatte. Also ging er 1995 selbst daran, mit Kollegen eine Studie durchzuführen, die er unter dem vielsagenden Titel: „Warum es keine schlechte Idee ist, unangenehme Emotionen zu vermeiden" („When avoiding unpleasant emotions might not be such a bad thing") veröffentlichte. Er untersuchte eine Gruppe von Personen, deren LebenspartnerInnen in den letzten sechs Monaten verstorben waren. Besonders interessiert war er an den „Verdrängern". Er definierte sie als Personen, die zwar angaben, keine starken negativen Gefühle zu haben, bei denen aber erhöhte Herz-Kreislauf-Aktivität festzustellen war, die darauf hinwies, dass sehr wohl emotionaler Stress bestand. Um auch die längerfristigen Auswirkungen zu testen, wurden Interviews und Messungen sechs und vierzehn Monate nach dem schmerzhaften Verlust durchgeführt.

Die Untersuchung erbrachte keine Beweise, dass das Verdrängen negativer Emotionen im Zusammenhang mit dem Verlust des Lebenspartners bzw. der Lebenspartnerin zu einer verlängerten oder verzögerten Trauerphase oder zu späteren psychosomatischen Symptomen wie Schlafstörungen, Antriebsschwäche oder Depressionen führt. Bonanno stellte vielmehr fest, dass die Personen, die ihren Kummer eher leugneten und Auslöser der negativen Gefühle mieden, das traumatische Erlebnis besser verkrafteten.

Der in New York lebende Wissenschaftsjournalist Hubertus Breuer berichtet von einer weiteren Studie Bonannos, in der er Gespräche mit mehr als sechzig Frauen geführt hat, die als Kinder sexuell missbraucht worden waren. Auf die Frage, welches die schlimmste Erfahrung ihres bisherigen Lebens gewesen sei, erwähnte ungefähr ein Drittel der Opfer den Missbrauch nicht. Andere, harmlosere Vorfälle wurden hingegen erzählt. Aber gerade die verdrängenden Frauen wa-

Terroranschlag auf das World Trade Center:
Der Run auf Psychotherapie blieb aus.

ren mental stärker als diejenigen, denen es nichts ausmachte, über das traumatische Kindheitserlebnis zu reden.

Diese Forschungsergebnisse bedeuten nicht, dass Aufarbeiten generell schlecht sei. Aber es als Allheilmittel anzupreisen, scheint nicht gerechtfertigt zu sein. Offensichtlich gesundet die Psyche mancher Menschen, ohne dass sie sich bewusst mit den belastenden Erlebnissen beschäftigen. Verdrängen bedeutet ja nicht unbedingt, dass keine Aufarbeitung erfolgt. Sie ist nur nicht bewusst. Man kann durchaus annehmen, dass das Unbewusste über Selbstheilungsprozesse verfügt, indem es durch eine Neuordnung und Neubewertung von traumatischen Erlebnissen die psychische Balance wiederherstellt. Für manche Menschen ist es eben, wie George A. Bonanno meint, keine schlechte Idee, unangenehme Emotionen zu meiden, statt sich mit ihnen zu beschäftigen.

Wegschauen, weghören, weggehen

Eine gängige Verdrängungsmethode, vielleicht die gebräuchlichste überhaupt, ist das gezielte Wegschauen, Weghören oder Weggehen. Wir entwickeln im Laufe des Lebens eine Reihe von bewussten Strategien, mit denen wir Unangenehmes von uns fernhalten. Wir bekommen ein Gespür dafür, wo Auslöser für traumatische oder bedrohliche Gedanken, Emotionen oder Erinnerungen lauern könnten, und machen gleich einen Bogen darum. Wir suchen unsere Lektüre, unser Fernsehprogramm und unsere Gesprächspartner nach diesen Erfordernissen aus. Wir entwickeln ein feines Sensorium dafür, wann sich ein Gespräch auf gefährliche Regionen zubewegt, und wechseln geschickt das Thema, machen ein ablenkendes Scherzchen oder verlassen die Szene.

Allerdings hat das Verdrängen durch Ausweichen auch wesentliche Nachteile: Es kann den Spielraum des Handelns und Erlebens so drastisch einengen, dass die Lebensqualität entscheidend beschnitten wird. Es ist so, als würden Minenfelder definiert, die man nicht betreten darf und die den Bewegungsraum mehr und mehr einschränken.

Flashback

■ **Ein Wiederaufleben von Gefühlszuständen** wird als Flashback bezeichnet. Ein extremes Beispiel, das ein traumatisierter Vietnamveteran erlebte, schildert der Psychologe Richard McNally (zitiert nach Schacter, 1999): *„Er befand sich mit seinem Jeep auf einer Urlaubsfahrt anlässlich des 4. Juli – Jahre nachdem er aus Vietnam zurückgekehrt war –, als einige Kinder Feuerwerkskörper unter die Räder seines Wagens warfen. Das plötzliche Geräusch löste ein schreckliches Flashback-Erlebnis aus, das ihm die Überzeugung einflößte, er sei wieder in einen Hinterhalt geraten. In dem verzweifelten Versuch, dem ‚Feind' zu entkommen, kauerte er sich hinter dem Steuerrad zusammen und trat aufs Gaspedal. Augenblicke später krachte es. Obwohl ihm einerseits bewusst war, dass er sich in Colorado und nicht in Vietnam befand, lösten die Feuerwerkskörper die gleichen emotionalen und verhaltensbestimmten Reaktionen aus, die er Jahre zuvor bei Hinterhalten in Vietnam gezeigt hatte."*

In milderer Form erleben wir solche Flashbacks auch im Alltag, wenn uns scheinbar grundlos ein Gefühl der Trauer oder der Freude überströmt, nur weil ein Auslösereiz, den wir möglicherweise nicht einmal bewusst wahrgenommen haben, die Erinnerung an eine unter Umständen lang zurückliegende Situation wieder wachgerufen hat.

Wenn z. B. eine Mutter oder ein Vater ein Kind verloren hat und glückliche Familienszenen schmerzliche Gefühle hervorrufen, ist es schwierig, diesen Auslösern zu entgehen. Dazu müsste man sich total von der Umwelt abschotten. Und wenn sie dann doch auftreten, ist man ihnen schutzlos ausgeliefert und wird von den negativen Emotionen überflutet. In diesen Fällen ist es ratsam, mehr zu tun, als nur wegzuschauen, wegzuhören oder wegzugehen.

Auslöser nicht meiden, sondern aufsuchen

Zielführender, als Auslösesituationen zu meiden, ist es in vielen Fällen, diese gezielt aufzusuchen – entweder wirklich oder in der Fantasie. Das soll aber nicht geschehen, um die unangenehmen Gefühle zu wecken und sich mit ihnen zu beschäftigen. Der Sinn besteht vielmehr darin, die unerwünschte Reaktion, die bisher immer erfolgt ist, wie z. B. Trauer oder Angst, aktiv zu unterdrücken. Es gehört somit zum Verdrängen auch ein gehöriges Maß an Disziplin und Mut.

Nehmen wir als Beispiel den Liebeskummer eines jungen Mannes. Die Trennung von seiner Angebeteten schmerzt und bringt sein ganzes Leben in Unordnung.

Bevor man aber mit dem bewussten Verdrängen beginnt, ist ein wenig Gewissenserforschung notwendig. Der junge Mann in unserem Beispiel müsste sich ernsthaft fragen, ob er sich wirklich von den quälenden Erinnerungen lösen oder sich lieber in Weltschmerz und Selbstmitleid suhlen will. Denn so klar und eindeutig ist das oftmals nicht. Einerseits leidet man unter den negativen Erinnerungen, andererseits hat man so etwas wie ein vertrautes Verhältnis zu diesem Leiden oder ist sogar ein wenig in diesen Zustand verliebt. Auch Personen, die um einen geliebten Menschen trauern, sind häufig in einem ambivalenten Gefühl gefangen. Sie möchten einerseits das Leiden beenden, sehen es aber andererseits als Zeichen ihrer Verbundenheit. Daher: Zunächst klären, ob man die quälenden Erinnerungen wirklich loswerden will. Immerhin sind sie ein Teil der eigenen Persönlichkeit und der eigenen Geschichte.

Falls sich der unglücklich Verliebte in unserem Beispiel von seinen Qualen tatsächlich befreien will, so kann dem Manne geholfen werden. Die Lösung besteht allerdings nicht darin, dass er Fotos und andere Erinnerungsstücke verbrennt. Das würde letztlich nichts nützen, denn die Welt ist voll von Auslösern der schmerzlichen Gefühle. Ein Musikstück, ein Geruch, der Klang einer Stimme könnte die unerwünschten Erinnerungen wieder wachrufen. Besser und mutiger wäre es, ganz bewusst Situationen aufzusuchen, die solche Emotionen auslösen können, und sich dann eben nicht dem Schmerz hinzugeben, sondern diese Reaktion aktiv zu unterdrücken. Also hingehen in das Lokal, in dem das erste Rendezvous stattfand, die CD mit dem gemeinsamen Lieblingssong anhören und das Foto der „Ex“ anschauen. Das Ganze aber nicht mit Wehmut und Trauer, sondern mit dem distanzierten Gefühl: „Es war sehr schön, aber es ist vorbei.“ Einschränkend muss ich allerdings hinzufügen, dass ein solches Trainingsprogramm für aktives Verdrängen erst dann Sinn macht, wenn man die Gefühle einigermaßen im Griff hat und von ihnen nicht überschwemmt wird.

Negative Gefühle abschwächen

Ein Trick, negative Gefühle abzuschwächen, besteht in folgender Übung: Suchen Sie in der Fantasie oder in der Wirklichkeit einen Auslöser für die unerwünschten Gefühle auf. Wenn die Emotion dann auftritt, beobachten Sie diese, als wären Sie ein Außenstehender. Jedes Gefühl ist ein körperliches Ereignis. Registrieren Sie es so, als müssten Sie es einer anderen Person beschreiben: Wo ist es? Wie fühlt es sich an? Verändert es sich? Dieses Vorgehen schafft Distanz zu sich selbst und mildert die persönliche Betroffenheit. Wenn Sie das mehrmals praktizieren, werden Sie erleben, dass das Gefühl zwar vorhanden ist, dass Sie aber nicht selbst das Gefühl sind. Sie werden merken, dass Sie es manipulieren können und ihm nicht ausgeliefert sind.

Es gibt also eine ganze Reihe von Möglichkeiten, wie wir bewusst verdrängen oder unbewusste Verdrängungsprozesse unterstutzen können:

- Wegschauen, weghören oder weggehen, um solche Erlebnisse zu vermeiden, die unerwünschte Gedanken, Emotionen oder Erinnerungen in uns auslösen.
- Unerwünschte Gedanken durch neutrale oder angenehme ersetzen.
- Unangenehme Emotionen auftreten lassen und gezielt abschwächen.
- Unerwünschte Gedanken oder Vorstellungen aktiv „wegdrücken“. Das funktioniert aber eher nur bei emotional relativ schwach besetzten Inhalten.

„Eifersucht ist eine Leidenschaft, die mit Eifer sucht, was Leiden schafft.“

Friedrich Schleiermacher

Gibt es den geborenen Verdränger?

Sind Menschen eigentlich in unterschiedlichem Maße bereit und befähigt, Erlebnisse, Ängste oder Konflikte zu verdrängen? Gibt es so etwas wie den „geborenen Verdränger"? Zu dieser Frage wird seit mehr als fünfzig Jahren eifrig geforscht. Und die Untersuchungen zeigen, dass Menschen unterschiedliche Strategien haben, wie sie mit angstauslösenden oder den Selbstwert bedrohenden Situationen umgehen. Die einen neigen zum Wegschieben, Ausweichen oder Verdrängen solcher Erlebnisse, die anderen zur Hinwendung und Auseinandersetzung. Entsprechend werden diese Gruppen als Verdränger (Represser) und Sensibilisierer (Sensitizer) bezeichnet.

Leben Verdränger glücklicher?

Welche der beiden Strategien ist die bessere? Wer lebt glücklicher, der Verdränger oder der Sensibilisierer? Folgende Eigenschaften sind bei Sensibilisierern stärker ausgeprägt als bei Verdrängern[2]:

- Schüchternheit
- mangelndes Selbstvertrauen
- körperliche Symptome
- Sorge um den Verstand
- Müdigkeit
- Stimmungslabilität
- Ruhelosigkeit
- Zugeben von Fehlern
- Abhängigkeit
- Depression
- negatives Selbstbild
- Angst und Sorge
- bizarres, zwanghaftes Denken und Handeln
- soziale Sensibilität

Zugeben von Fehlern und soziale Sensibilität mögen durchaus positive Eigenschaften sein, ansonsten liest sich diese Liste der Eigen-

[2] Siehe Amelang & Bartussek, 1985.

schaften von Sensibilisierern nicht gerade wie eine Anleitung zum Glücklichsein.

Verdrängen und Krankheit

Betrachten wir die Verhaltensweisen von Verdrängern und Sensibilisierern am Beispiel Krankheit, einem Thema, das vermutlich bei allen Menschen angstbesetzt ist. Aber sie gehen unterschiedlich damit um. Die einen, die Verdränger, meiden Gespräche darüber, Krankheitssymptome werden verdrängt und Arztbesuche hinausgeschoben. Ganz anders die Sensibilisierer. Ihr Lieblingsthema sind die eigenen Krankheiten und die anderer, Gesundheitsmagazine gehören zur Pflichtlektüre, regelmäßige Arztbesuche sind selbstverständlich und bereits leichte körperliche oder seelische Symptome lösen Besorgnis aus.

Suchen Sensibilisierer das Unglück?

Warum verhalten sich Sensibilisierer so? Warum wenden sie sich gerade solchen Inhalten zu, die ihnen Angst bereiten, Unlust versprechen oder den Selbstwert ankratzen? Suchen sie das Unglück? Leiden sie gerne? Das nun auch wieder nicht. Der Sinn ihrer Strategie besteht darin, auf unangenehme Erfahrungen vorbereitet zu sein. Und wenn diese nicht eintreten und die Besorgnis blinder Alarm war – umso besser. Sensibilisierer haben zumindest die Illusion, ihre Angst kontrollieren zu können, indem sie sich angstbesetzten Situationen, Gedanken und Vorstellungen aussetzen.

Verdränger und Sensibilisierer gehen also völlig unterschiedlich mit dem Thema Krankheit, einem besonders bedrohlichen Aspekt des Lebens, um. Es wird Sie nicht überraschen, dass Sensibilisierer, wie Untersuchungen zeigen, häufiger als Verdränger angeben, unter Krankheiten zu leiden. Dabei bleibt allerdings die Frage offen, ob Sensibilisierer deshalb häufiger über Beschwerden berichten, weil sie tatsächlicher öfter erkranken oder weil sie sich besonders aufmerksam mit sich selbst beschäftigen und auf Symptome achten.

Verdränger fühlen sich gesünder

Nach weiteren Studien suchen Verdränger seltener ein Gesundheitszentrum auf und in psychotherapeutischen Sitzungen oder Beratungen geben sie weniger Probleme an als Sensibilisierer. Auch in diesem Fall gilt: Ob sich Verdränger im Gespräch mit dem Arzt nur an weniger Krankheitsaspekte erinnern und berichten oder tatsächlich gesünder sind als Sensibilisierer, kann nicht einfach beantwortet werden. Jedenfalls fühlen sie sich gesünder.

Zusammenfassend kann man sagen: Aufgrund der Untersuchungen weiß man zwar nicht, ob sich Verdränger und Sensibilisierer in Bezug auf ihren Gesundheitszustand objektiv unterscheiden, die Verdränger fühlen sich aber besser. Und das bedeutet, zumindest für das momentane Wohlbefinden, eine ganze Menge. Wie sich das längerfristig auswirkt, damit werden wir uns später beschäftigen.

Zum Beispiel Eifersucht

Ein illustratives Beispiel für eine defensive Strategie – so wird das Verhalten der Sensibilisierer auch bezeichnet – ist die Eifersucht. Damit meine ich nicht ein bisschen von dieser Eigenschaft, die ja bekanntlich jeder Beziehung guttut, sondern ein Ausmaß, das zu viel des Guten ist: quälende Fragen, Verdächtigungen und Verhöre, Stöbern in den persönlichen Sachen, Kontrollieren des Handyspeichers etc. Dabei ist die Befürchtung, dass der Partner (oder die Partnerin) fremdgeht, ja wirklich nicht von der Hand zu weisen. Genaue Zahlen darüber, wie häufig es in einer Partnerschaft zu Seitensprüngen kommt, gibt es aus verständlichen Gründen nicht.

Kuckuckskinder als Maß für Untreue

Eine ungefähre Hochrechnung ist vielleicht möglich, wenn man die Zahl der sogenannten Kuckuckskinder als Basis nimmt. Das sind solche Sprösslinge, deren meist ahnungslose Väter nicht die biologischen „Erzeuger“ sind. Im Zeitalter der DNA-Analysen lässt sich das relativ leicht nachweisen, dafür genügen schon eine benützte Haarbürste, ein verwendetes Taschentuch oder ein abgelegter Kaugummi – und 650 Euro. Nach internationalen Studien sind ca. 10 Prozent des Nachwuchses Kuckuckskinder (siehe Kasten). Da bei Weitem nicht jeder Seitensprung solche gravierenden Folgen hat, kann man mit etwas Fantasie abschätzen, wie häufig diese „nichtolympische Disziplin“ ausgeübt wird.

Kuckuckskinder in Zahlen

■ **Der britische Sexualforscher Robin Baker** untersuchte genetische Fingerabdrücke von Eltern und Kindern in Liverpool und im Süden Englands. Dabei entdeckte er, dass 9 Prozent des Nachwuchses Kuckuckskinder waren, wobei der Anteil in manchen Wohnbezirken bis zu 30 Prozent betrug.

In langjährigen Studien des Fortpflanzungsverhaltens von ca. 10 000 europäischen Familien stellte er fest, dass durchschnittlich jedes zehnte Kind nicht vom vermeintlichen Vater stammt.

Nach einer Studie der US-Universität Virginia Commonwealth in Richmond liegt der Anteil der Kuckuckskinder bei 5 bis 10 Prozent.

Bei der Auswertung von Laborergebnissen für Erbkrankheiten an der Oregon Health Science University in Portland fand man heraus, dass 10 Prozent der sozialen Väter nicht die biologischen sind.

Unterschiedliche Strategien von Verdrängern und Sensibilisierern

Die statistische Wahrscheinlichkeit, dass man im Laufe einer Partnerschaft betrogen wird, ist also relativ groß. Die Befürchtung, dass einem als Mann oder Frau solches widerfährt, hat somit einen durchaus realen Hintergrund. Es ist auch keine Kleinigkeit, auf diese Weise enttäuscht zu werden. Neben allem emotionalen und existenziellen Ungemach ist es ein Angriff auf den Selbstwert. Die verzweifelte Frage: „Was hat er/sie, was ich nicht habe?“ drückt diese Demütigung aus.

Gibt es ein Eifersuchts-Gen?

■ **Was als Untreue aufgefasst wird**, darin unterscheiden sich die Geschlechter ganz beträchtlich. Für Männer ist entscheidend, ob „es" passiert ist, während bei Frauen bereits die emotionale Zuwendung zu einer Konkurrentin Alarm auslöst. Die Gründe dafür sind den Evolutionspsychologen völlig klar. Dem Mann ist es wichtig, dass er seine Gene einpflanzen kann. Sind diese bei seiner Partnerin nicht von ihm, sondern von einem Nebenbuhler, so verschwendet er seine ökonomischen Ressourcen und seine Zuwendung und Obsorge darauf, dass andere ihre Gene weitergeben. Das kann nicht im Sinn der Evolution sein. Sie selektiert daher solche Männer, die darüber wachen, dass kein Kuckuck eine Chance hat, ihnen seine Eier ins Nest zu legen, sie ausbrüten und den Nachwuchs versorgen zu lassen. Für die Frau ist es ganz anders. Sie braucht sich keine Sorgen darüber zu machen, ob es wohl ihre Gene sind, die hier weitergegeben werden. Wohl aber muss sie sich darum kümmern, dass ihr Nachwuchs gut versorgt wird, denn das garantiert, dass ihr Erbgut überlebt und wieder gute Fortpflanzungsbedingungen vorfindet. Und dazu braucht sie einen Partner, der an ihrer Seite bleibt und sein wirtschaftliches Potenzial nicht für andere verschwendet. Für Evolutionspsychologen ist Eifersucht daher eine durchaus sinnvolle Eigenschaft, die dazu dient, den eigenen Genen bessere Voraussetzungen für die Fortpflanzung zu verschaffen.

Mit diesen Aussichten gehen Verdränger und Sensibilisierer völlig unterschiedlich um. Natürlich haben auch Verdränger Angst davor, in der Partnerschaft betrogen zu werden, doch sie schieben diese Möglichkeit, wie wahrscheinlich sie auch sein mag, einfach beiseite. Anzeichen einer eventuellen „Doppelgleisigkeit" werden ignoriert. Selbst „gut gemeinte" Hinweise von Freundinnen oder Freunden prallen ab. Ist die Untreue aber nicht mehr zu leugnen, fällt der Verdränger aus allen Wolken.

Ganz anders die defensiven Sensibilisierer. Sie verdrängen die Angst, betrogen zu werden, nicht. Sie leben sie vielmehr aus, indem sie sich mit dieser Möglichkeit beschäftigen. Sie sind wachsam. Jeder Blick, jede Geste, jedes Wort des Partners oder der Partnerin mit potenziellen Seitensprungobjekten wird registriert und bei ersten Anzeichen einer zu großen Vertraulichkeit schrillen die Alarmglocken. Eifersüchtige haben keine ruhige Minute. Ständig wird die Partnerin bzw. der Partner „gescannt", um bei ersten Anzeichen von Untreue gewarnt zu sein. Sind die Sorgen unbegründet – auch gut. Nur nicht von dem befürchteten Ereignis überrascht werden.

Eifersüchtige sind aber auch nicht wirklich beruhigt, wenn sich ihr Verdacht nicht bestätigt. Sie nehmen es nicht als Beweis für die Treue, sondern sie sagen sich dann, dass sie nur „noch" nicht betrogen worden sind. Und passiert es dann doch, trotz (oder wegen?) der ausgeprägten Wachsamkeit, sind sie darauf vorbereitet. Ja, es ist sogar so etwas wie eine Bestätigung: „Ich habe es immer schon gewusst".

Sind Verdränger im Vorteil?

Vergleicht man nun die beiden Strategien im Umgang mit Eifersucht bzw. der Angst, in der Partnerschaft betrogen zu werden, so kommt in meiner persönlichen Bewertung der Verdränger besser weg. Der Seitensprung trifft ihn zwar wie ein Blitz aus heiterem Himmel (den möglicherweise nur er so heiter gesehen hat) und er wird die Welt lange Zeit nicht verstehen. Aber bis dahin wird er relativ zufrieden und unbekümmert gelebt haben. Vielleicht hätte er, diese Einschränkung muss man machen, bei rechtzeitiger Reaktion auf die ersten Anzeichen das Schlimmste abwehren können. Vielleicht.

Die Defensivstrategen haben zwar den Vorteil, dass sie auf das Betrogenwerden psychisch besser vorbereitet sind, aber um den Preis, dass sie sich täglich mit dieser unangenehmen Vorstellung beschäftigen müssen. Sensibilisierer tauschen das große Unglück, das möglicherweise gar nicht eingetroffen wäre, mit dem täglichen kleinen Unglück. Außerdem ist ja nicht gesagt, dass man durch ständige Wachsamkeit und Kontrolle des Partners oder der Partnerin die Wahrscheinlichkeit der Untreue vermindert. Viel eher geht man damit dem anderen so auf die Nerven, dass man umso eher betrogen wird.

Und vielleicht hilft man mit diesem Verhalten dem anderen erst auf die Sprünge, ganz nach dem Motto: „Damit endlich Ruhe ist und deine Eifersucht einen Grund hat.“

„Die Realität aussperren zu können ist manchmal lebensnotwendig."

Heiko Ernst

Warum wir verdrängen

Es gibt verschiedene Gründe, warum Menschen verdrängen. Sie tun es etwa, wenn Zustände der Angst, der Scham oder der Schuld drohen. Ein ganz wesentlicher Ansatzpunkt für Verdrängungsprozesse ist auch der Schutz des Selbstwerts. Jeder Mensch hat ein bestimmtes Bild von sich selbst, dem er in seinem Handeln, sowohl in der Selbstwahrnehmung als auch in der Beurteilung durch andere, entsprechen möchte. Kommt es zu Abweichungen, so ist sein Selbstwert in Gefahr und die Verdrängungsmechanismen müssen angeworfen werden.

Der Selbstwert oder das Selbstwertgefühl haben damit zu tun, welche Position wir uns in der Welt zuweisen, was wir uns zutrauen, wie wir unsere Wünsche und Bedürfnisse ausdrücken und durchsetzen können und wie sehr wir uns von unserer Umwelt angenommen und beachtet fühlen.

Selbstwert entwickelt sich in den ersten Lebensjahren

Für die Entwicklung von Selbstwert, darin sind sich die Experten einig, sind die ersten Lebensjahre besonders wichtig. Wer von seinen Eltern um seiner selbst willen angenommen wurde und die Zuneigung nicht durch besondere Leistungen „verdienen" musste, hat schon einmal einen ordentlichen Selbstwert-Schub und damit einen Bonus für das Leben bekommen. Später wird dieses wertvolle Gut durch das Verhalten unserer Mitmenschen, der Freunde, Kollegen, Vorgesetzten und Familienmitglieder genährt. Diese können unseren Selbstwert aufbauen oder vernichten. Der Selbstwert ist ausschlaggebend dafür, wie wir an Aufgaben herangehen, wie hoch wir uns die Latte legen und wie wir mit Niederlagen und Krisen umgehen. Es ist schon eine eigenartige Sache mit dem Selbstwertgefühl. Es ist einerseits abhängig von der Anerkennung durch unsere Mitmenschen, aber wenn man es hat, ist man auf den Beifall der Umgebung nicht angewiesen. Menschen mit hohem Selbstwert brauchen nicht immer Bestätigung, sie können Kritik ertragen, fühlen sich nicht ständig vom Schicksal benachteiligt und sind nicht übermäßig besorgt, man könnte schlecht über sie sprechen. Verfügt man aber über einen schwachen, leicht zu erschütternden Selbstwert, so muss man ständig wachsam sein, ob er wohl nicht bedroht ist. Ein guter Selbstwert ist eine wichtige Voraussetzung für Erfolg, worin immer er bestehen mag, für soziale Integration und Zufriedenheit. Kein Wunder also, dass die Maschinerie der Verdrängung in Gang gesetzt wird, wenn er bedroht ist. Inhalte, die ihn untergraben würden, müssen eben abgewehrt oder so verändert oder umgedeutet werden, dass sie mit dem Bild von uns selbst vereinbar sind. Die sogenannte Realität können wir nicht ändern, wir haben aber die Deutungshoheit. Wir können die Bedeutung und die emotionale Wertigkeit unseres Erlebens selbst bestimmen.

Ein geradezu schockierendes Ergebnis brachte ein Experiment, das John Bagh von der berühmten Yale University durchgeführt hat. Er unterzog zwei Gruppen von afroamerikanischen Schülern einer Highschool einem Wissenstest. Zuvor aber hatten sie einen Fragebogen auszufüllen, in dem Angaben zur Person zu machen waren. In einer Gruppe wurde auch nach der rassischen Herkunft gefragt, in der anderen nicht. Diese simple Frage löste einen enormen Effekt aus: Die Gruppe, die Angaben zur rassischen Zugehörigkeit machen sollte, zeigte deutlich schlechtere Leistungen im Wissenstest. Mit dieser Frage wurde offensichtlich die Angst, für weniger intelligent gehalten zu werden, aktiviert. In ihrem Verhalten passten sich die Testpersonen dann diesem Vorurteil an.

Dieses Experiment zeigt, wie leicht es ist, den Selbstwert eines Menschen und damit sein Leistungsvermögen zu beeinträchtigen. Dies gilt zumindest dann, wenn ein tief liegender Selbstzweifel vorhanden ist, der vom Verstand nur notdürftig verdeckt wird. Denn würde man diese Personen fragen, ob sie sich für weniger intelligent halten, würden sie das mit großer Wahrscheinlichkeit zurückweisen. Um eine solche „Schwachstelle“ zu schützen, ist Wachsamkeit und Verdrängungsarbeit notwendig.

Krisen können den Selbstwert schädigen

Auch wenn man von Geburt und den ersten Lebensjahren an mit einer gehörigen Portion Selbstwert ausgestattet wurde, ist das noch keine Garantie dafür, dass er bestehen bleibt. Krisen und Unglücksfälle können diesem Gefühl stark zusetzen. Besonders augenscheinlich ist das, wenn der Selbstwert auf etwas gegründet ist, das vergänglich oder leicht zu beschädigen ist, wie z. B. körperliche Schönheit oder Stärke.

Eine alternde Schönheit hat mehrere Möglichkeiten, ihren Selbstwert trotz Verwelkens zu bewahren. Ich meine damit nicht kosmetische, sondern psychische Korrekturen. Sie kann etwa den Blick in den Spiegel meiden. Von der österreichischen Kaiserin Sisi, einer prominenten Vorläuferin des heutigen Schönheitskults, wird berichtet, dass sie ein Spiegelverbot erließ, als ihr Aussehen nicht mehr ihrem Selbstbild entsprach. Es gab angeblich auch Hollywood-Diven, die in fortgeschrittenem Alter Spiegel aus ihrer Umgebung verbannten. Keine sehr clevere Variante, denn irgendwann sieht man doch sein reflektiertes Antlitz und der Schock ist dann umso größer. Eine subtilere Methode besteht darin, den Spiegel als Hilfsmittel zu betrachten, um sich täglich schön zu sehen. Die langsame Veränderung der Gesichtszüge und der Figur erleichtert diesen Vorgang. Es gibt keine Realität außer der eigenen Wahrnehmung. Niemand weiß, wie ein anderer Mensch sich selbst sieht, und er ist darin völlig frei.

Körperwahrnehmung und Magersucht

■ **Ein negatives Beispiel dafür**, wie sehr die Wahrnehmung manipulierbar ist, zeigt die Magersucht. Personen mit dieser Krankheit sehen sich dicker, als sie in Wahrheit sind. Und das motiviert sie, weiter zu hungern und abzunehmen.

Man kann aber auch einen anderen Weg wählen und den Selbstwert auf eine neue Basis stellen. Wenn Schönheit und körperliche Stärke sich verabschieden, kann man sich etwa, sofern man die Möglichkeit dazu hat, auf seine geistigen Fähigkeiten stützen oder sich karitativen Tätigkeiten zuwenden. Brigitte Bardot z. B. hat die körperlichen Vorzüge, die sie zum Star machten, verloren. Aber als Kämpferin für den Tierschutz hat sie einen neuen Nährboden für ihren Selbstwert gefunden.

Zwei Fälle von Verdrängung

Beim langsamen Verblassen der Schönheit und Abnehmen des physischen Leistungsvermögens hat die Psyche Zeit, sich darauf einzustellen. Der Alterungsprozess verläuft gnädig langsam und erleichtert es uns dadurch, besser damit fertig zu werden. Ein Kraftakt wird aber nötig, wenn eine Beeinträchtigung aus heiterem Himmel kommt. Ein extremes Beispiel von Verdrängung schildert der südafrikanische Neurologe Mark Solms. Eine seiner Patientinnen, die nach einem Schlaganfall linksseitig gelähmt war, behauptete steif und fest, sie könne ihren linken Arm bewegen. Solms führte diese Uneinsichtigkeit nicht auf einen Hirndefekt zurück, sondern, ganz im Sinne Freuds, darauf, dass die Patientin die traurige Wirklichkeit nicht ertragen konnte. Diese war mit ihrem Selbstwert nicht vereinbar. Das ausgeprägte Wunschdenken war stärker als die Realität.

Ein anderer Fall: Im März 2008 erlitt der österreichische Schirennläufer Matthias Lanzinger beim Super-G einen katastrophalen Sturz mit schweren Beinbrüchen und Gefäßverletzungen. Um sein Leben zu retten, musste das linke Bein amputiert werden. Man kann sich kaum vorstellen, was von der Psyche in einem Fall wie diesem geleistet werden muss. Von einem Moment auf den anderen werden Lebensziele zunichte gemacht, werden Pläne und Visionen wertlos. Sie müssen aus dem bewussten Erleben verdrängt werden, um nicht eine ständige Quelle von Verzweiflung, Aggression oder Lebensunlust zu sein. Ein großer Teil von dem, was bisher wichtig war und die Persönlichkeit prägte, muss ausgelöscht werden. Dem Selbstwert wird der Boden entzogen, das gesamte Wertesystem muss umgestellt werden.

Auf solche Anforderungen reagiert die Psyche sehr unterschiedlich. Die Patientin von Mark Solms schützte ihren Selbstwert, indem sie die Beeinträchtigung einfach nicht zur Kenntnis nahm. Der verunglückte Schirennläufer stellte sich bereits kurze Zeit nach der Operation den Medien und drückte in bewegenden Worten aus, dass er sein Schicksal annehme. Er wolle in Zukunft als Vorbild wirken, was er auch schon als Rennläufer beabsichtigt habe. Damit gelang es ihm, am Ziel, Vorbild sein zu wollen, festzuhalten. Er muss jetzt nur versuchen, es mit anderen Mitteln zu erreichen. Diese Art, mit der Bedrohung des Selbstwertes umzugehen, hätte Freud als Sublimierung bezeichnet.

Keine moralische Wertung

Die beschriebenen Fälle sind beide von selbstwertbedrohender Dimension und zugleich zwei Formen von Abwehr und Verdrängung. George E. Vaillant, Professor für Psychiatrie an der Harvard Medical School, spricht in diesem Zusammenhang von reifen und unreifen Anpassungsmechanismen des Ichs, wobei die Reaktion des Schirennläufers eben den reifen zuzuordnen wäre. Es ist menschlich großartig, wenn es jemandem gelingt, aus einem solchen Schicksalsschlag noch Positives zu gewinnen und im Bewältigen dieses Unglücks Vorbild für andere sein zu wollen. Es wäre aber aus meiner Sicht völlig verfehlt, mit moralisierendem Unterton bestimmen zu wollen, was eine angemessene Verdrängung eines solchen Unglücksfalles wäre. Die Psyche des Menschen greift zu dem Mittel, das ihr zur Verfügung steht. Ob man die grausame Realität nicht zur Kenntnis nimmt, sich in Schuldzuweisungen ergeht, darüber grübelt, wie es anders hätte laufen können oder ein Vorbild für andere in der Bewältigung des Schicksals sein möchte, sind mögliche Mechanismen der Verdrängung. Auf welche Weise wir in einem solchen Fall unseren Selbstwert schützen würden, wissen die meisten von uns nicht – und werden es hoffentlich nie erfahren.

Und noch ein Fall

Ich möchte Ihnen einen weiteren Fall von Verdrängung schildern, nämlich den tiefen Fall einer ehemals schönen und wohlhabenden Frau. Eine befreundete Therapeutin, die auch Klienten im Endstadium von Krebs betreut, berichtete mir von diesem Schicksal:

„Brigitte (60) war bereits so krank, dass ich sie zu Hause aufsuchen musste. Sie hauste mit ihrem alkoholabhängigen Lebensgefährten und einer Katze in einem ‚Loch' – einer armseligen Zimmer-Küche-Wohnung. Alles war schmuddelig, überall standen volle Aschenbecher und leere Flaschen herum. Brigitte erzählte, dass sie als Model gearbeitet habe. Gemeinsam mit ihrem Mann habe sie einen Großhandel aufgebaut, der noch heute floriere. Die Ehe sei aber nicht glücklich gewesen. Schon bald habe ihr Gatte sie mit ihrer besten Freundin betrogen. Nach der Scheidung beging sie einen Selbstmordversuch. Von da an ging es nur noch bergab.

Im Laufe des Gesprächs kramte sie Fotoalben und Zeitungsartikel hervor, die eine bildhübsche, strahlende junge Frau zeigten. Der Gegensatz zwischen diesen Bildern und ihren derzeitigen Lebensumständen, dieser Wohnung und dem heruntergekommenen Partner, war geradezu grotesk. Brigitte aber sagte strahlend: ‚Ich war noch nie so glücklich wie heute. Wenn ich das alles nicht durchgemacht hätte, wäre ich nicht mit diesem Mann zusammen und mit ihm glücklich.' Das klang wirklich überzeugend und nicht geheuchelt."

Man mag diese Reaktion von Brigitte als frommen Selbstbetrug abtun. Ich sehe darin aber eine großartige Verdrängungsleistung, die es dieser Frau ermöglichte, dem gesellschaftlichen und wirtschaftlichen Niedergang einen Sinn zu geben, zufrieden ihre letzten Jahre zuzubringen und nicht am Leben zu verzweifeln.

„Alle Gefühle, alle Leidenschaften der Welt sind ein Nichts gegenüber der ungeheuren, aber völlig unbewussten Anstrengung, welche die Menschheit in jedem Augenblick macht, um ihre Gemütsruhe zu bewahren."

Robert Musil

Auf der Suche nach Harmonie

Für den Menschen scheint es wichtig, ja geradezu ein Grundbedürfnis zu sein, Harmonie, Konsonanz, Übereinstimmung oder wie immer man es nennen will in seine Einstellungen und Handlungen zu bringen bzw. diese zu bewahren. Dafür sind unglaublich aufwendige Ordnungsprozesse notwendig, die ständig in unserem Hirn ablaufen. Meist geschehen sie völlig unbewusst, sodass wir von den umfangreichen Recherchen in unserem Kopf gar nichts mitbekommen.

Die Dissonanztheorie

Diese psychologische Gesetzmäßigkeit wurde von dem amerikanischen Psychologen Leon Festinger in die sogenannte Dissonanztheorie gepackt (siehe Kasten). Sie besagt, knapp formuliert, dass der Mensch die Tendenz habe, hinsichtlich seiner Meinungen, Einstel-

Die Dissonanztheorie

■ **Der amerikanische Psychologe Leon Festinger** veröffentlichte 1957 sein Buch „Theorie der kognitiven Dissonanz“. Demnach hat der Mensch die Tendenz, hinsichtlich seiner Wahrnehmungen, Einstellungen, Absichten etc. stets Konsonanz herzustellen. Dissonante Zustände werden als unangenehm erlebt. Je stärker die Dissonanz, desto stärker der Druck, sie zu beseitigen. Daher werden Informationen, die Dissonanz beseitigen bzw. Konsonanz bewahren, bevorzugt aufgenommen. Hingegen werden solche Neuigkeiten, die einen dissonanten Zustand herstellen bzw. eine Konsonanz bedrohen, abgewehrt oder zumindest abgewertet.
Ein Beispiel: Wenn jemand raucht, erzeugt die Information „Rauchen verursacht Krebs“ Dissonanz. Um diese zu reduzieren, sind „pumperlgesunde“ neunzigjährige Raucher als Beispiele sehr willkommen. Sie werden bevorzugt wahrgenommen und ihre Zahl damit überbewertet. Informationen über die Gesundheitsbeeinträchtigung des Rauchens werden hingegen abgewehrt oder deren Glaubwürdigkeit angezweifelt. Aus diesem Grund sind auch die aufgedruckten Gefahrenhinweise auf Zigarettenpackungen weitgehend wirkungslos.

lungen, Einschätzungen, Erkenntnisse, Überzeugungen und seines Verhaltens in einem Zustand der Balance und Konsistenz zu sein. Dissonanz wird als unangenehm erlebt, deshalb wendet das Unbewusste Energie auf, um wieder Konsonanz herzustellen. Um das zu erreichen, werden nicht passende Erfahrungen abgewehrt, verändert oder bestehende Einstellungen modifiziert. Diese Vorgänge der Wahrnehmungsabwehr bzw. Verfälschung von Erinnerungen sind allesamt Verdrängungsmechanismen. Das bedeutet: Es sind ständig Verdrängungsprozesse am Werk, damit Ordnung in unserer Psyche und ein Zustand der Balance erhalten oder wiederhergestellt wird.

Das spontane Entstehen einer Meinung

Diese Tendenz zur Herstellung von Konsonanz zeigt sich auch, wenn wir um unsere Meinung zu einem Thema gefragt werden, mit dem wir uns wissentlich noch nie auseinandergesetzt haben, wie etwa der Frage, ob Genforschung erlaubt sein soll. In vielen Fällen werden Sie verwundert feststellen, dass Sie eine Meinung haben, von der Sie bisher nichts gewusst haben. Diese spontane Meinung ist das Ergebnis einer Blitzaktion in Ihrem Gehirn. Mit großer Geschwindigkeit werden riesige Datenmengen gewälzt. Ihre bereits bestehenden Einstellungen zu Themen, die mit der aktuellen Frage in Zusammenhang stehen, werden daraufhin abgeklopft, ob sie mit Genforschung in Dissonanz oder Konsonanz stehen. Es wird schließlich die Meinung als die Ihre „ausgespuckt“, die mit Ihren bestehenden Einstellungen am besten harmoniert. Meist spielt sich dieser Prozess völlig unbewusst ab und es wird Ihrem bewussten Ich lediglich das Ergebnis mitgeteilt. In Diskussionen hören Sie sich dann sagen: „Ich bin der Ansicht, dass ...“, und Sie müssen dann unter Umständen eine Menge Grips aufwenden, um die Meinung, die Ihnen scheinbar zugeflogen ist, rational zu begründen.

Entscheiden kann Dissonanz erzeugen

Manchmal wird man zu einer Entscheidung gezwungen, bei der die Erfahrung von Dissonanz unumgänglich ist. Das Herstellen von Konsonanz ist dann besonders schwierig oder sogar unmöglich, wenn tief greifende, für das Selbstverständnis der Person wesentliche Einstellungen davon betroffen sind. Betrachten wir folgendes Beispiel: Ein junges Mädchen eröffnet seinem Vater, dass es sich in einen türkischen Jungen verliebt habe und ihn zu heiraten gedenke. Der Vater ist aber fremdenfeindlich eingestellt und strikt gegen eine solche Verbindung. Andererseits liebt er seine Tochter. Da seine Überredungskünste und Drohungen nicht fruchten, steht er vor einem schwerwiegenden Konflikt: Um der Hochzeit zuzustimmen, müsste er seine Einstellung gegenüber anderen Kulturen und Religionen ändern. Oder er müsste, seiner Überzeugung gemäß, die Heirat verbieten und den Verlust seiner Tochter in Kauf nehmen. Eine echte Zerreißprobe für die Psyche. Er wird schließlich die Entscheidung treffen, bei der ein geringerer Energieaufwand zur Herstellung von Konsonanz erforderlich ist. In diese Abwägung werden Fragen eingehen wie: „Verliere ich mein Gesicht, wenn ich der Verbindung zustimme?“, „Habe ich mich mit meiner fremdenfeindlichen Einstellung öffentlich exponiert?“ „Teilen meine Familie und meine Freunde meine Einstellung?“, „Ist für mich Grundsatztreue ein höherer Wert als Veränderungsbereitschaft?“, „Wie sehr liebe ich meine Tochter?“.

Vielleicht wird der Vater einwilligen: „Ich stimme der Hochzeit schweren Herzens zu, denn ich liebe meine Tochter und ich akzeptiere den Menschen, den sie liebt.“ Oder er sagt: „Du bist nicht mehr meine Tochter. Dass du mir das antust, zeigt mir, wie wenig du mich liebst und dass du meine Liebe nicht verdienst.“

Wie auch immer die Entscheidung ausfällt: Es wird vom Vater nachher eine Menge Verdrängungsarbeit zu leisten sein, um Konsonanz zu erzeugen. In dem einen Fall wird er die Geschichte der eigenen Einstellung gegenüber Fremden umschreiben müssen, im anderen Fall jene der Beziehung zur Tochter.

Ein anderes Beispiel teilte mir eine Psychologin mit: *„Als Anna, eine entfernte Verwandte von mir, sechs oder sieben Jahre alt war, hielt sie sich häufig mit ihrem jüngeren Bruder bei den Großeltern väterlicherseits auf. Die Ehe der Eltern war damals schon zerrüttet und wurde später geschieden. Bei diesen Besuchen verging sich der Großvater mehrmals an dem Mädchen. Er schüchterte sie ein und beschwor sie, es nur ja niemandem zu erzählen, es würde ihr ohnehin keiner glauben.*

Erst im Alter von ca. dreißig Jahren war Anna so weit, die traumatischen Erlebnisse von damals aufzuarbeiten. Der Großvater war mittlerweile verstorben. Sie sprach mit ihrem Vater über diese Vorfälle. Dieser beschimpfte sie als Lügnerin und verwies sie des Hauses. Seither ist der Kontakt zwischen den beiden abgebrochen."

So unverständlich uns das Verhalten des Vaters auch erscheinen mag, es folgt einer Ökonomie des Unbewussten. Würde er seiner Tochter glauben, so müsste er das Bild seines Vaters zerstören und seine Beziehung zu ihm völlig neu aufbauen. Dagegen sträubte sich sein Unbewusstes und entschied sich dafür, das Geständnis der Tochter zu verdrängen bzw. nicht zur Kenntnis zu nehmen. Es ging für seine Psyche um die Frage: Womit kann ich leichter leben? Mit einer Tochter, die lügt, oder mit einem Vater, der mein Kind missbraucht hat? Und ganz im Hintergrund lauert vielleicht auch noch die Frage: Und wie ist mein Vater mit meiner Schwester umgegangen, als wir Kinder waren?

Der Schlaf schafft Ordnung im Hirn

In diesem Zusammenhang kommt auch der Schlaf bzw. der Traum ins Spiel. Vor wichtigen Entscheidungen sagen wir gerne: „Ich möchte die Sache noch einmal überschlafen." Das hat seinen guten Grund. Tatsächlich passiert es häufig, dass man mit einem Problem einschläft und mit einer Lösung aufwacht. Es muss ja nicht gleich so extrem sein wie bei Albert Einstein, der, wie er selbst erzählte, über Nacht die Lösung der Speziellen Relativitätstheorie gefunden habe.

Albert Einstein fiel die Lösung der Speziellen Relativitätstheorie angeblich im Schlaf ein.

Forschungen in Schlaflabors haben gezeigt, dass das Hirn des Menschen während des Schlafs überaus aktiv ist. Von Nachtruhe ist sozusagen keine Spur. Im Gegenteil: Diese Zeit, in der nur wenige Reize von außen eindringen, wird genützt, um Erlebnisse des Tages in den Langzeitspeicher des Gedächtnisses zu überführen und mit bereits vorhandenen Erfahrungen zu verknüpfen. Bei dieser Gelegenheit wird Ordnung im Oberstübchen gemacht. Das Ergebnis dieses Prozesses ist eben in manchen Fällen das Aha-Erlebnis am Morgen: „Jetzt hab ich's." Meist aber merken wir von der nächtlichen Arbeit unseres Gehirns rein gar nichts.

Im sogenannten REM-Schlaf (von Rapid Eye Movements), in dem auch die Träume stattfinden, werden Hirnverschaltungen aufgebaut und verstärkt. Außerdem erfolgen in dieser Phase die Speicherwartung, die Datenkompression und die Gedächtniskonsolidierung. Ob für diese Tätigkeiten die Träume verantwortlich sind oder der Hirnzustand während des REM-Schlafes, ist unter Wissenschaftlern umstritten. Owen Flanagan, Professor für Philosophie und Neurobiologie an der Duke University, ist etwa der Überzeugung, dass Träume nur eine unnötige Begleiterscheinung seien und keine besondere Bedeutung hätten.

Übrigens brauchen Säuglinge acht Stunden REM-Schlaf, während Erwachsene mit zwei Stunden auskommen. Die Erklärung sehen Hirnforscher darin, dass bei Kleinkindern noch kein Erfahrungshintergrund besteht, in den die Erlebnisse des Tages eingeordnet werden könnten. Es muss erst eine Struktur aufgebaut werden, und das ist ziemlich aufwendig. Es ist etwa so, als bräuchte ein Erwachsener nur neu eingelangte Bücher in eine Bibliothek einzuordnen, während Säuglinge zusätzlich erst ein Ordnungsschema aufbauen müssten, nach dem die Bücher geordnet werden.

Der große REM-Schlaf-Bedarf von Säuglingen nährt auch die Zweifel an der Freud'schen Auffassung von der Funktion der Träume. Er meinte ja, dass im Traum unbewältigte Konflikte und verdrängte Inhalte aufgearbeitet würden. Owen Flanagan (1996) fragt sicher zu Recht: *„Welche instinktiven Impulse, welche Sexual- und Aggressionsfantasien werden wohl von einem Neugeborenen freigesetzt oder – noch*

Auch Lernen braucht Schlaf

■ **Alles, was Sie tagsüber an Neuem gelernt haben**, braucht eine Schlafphase, um im Gedächtnis gefestigt zu werden. Wenn Sie also eine Rede memoriert, ein Klavierstück eingeübt oder einen neuen Gesellschaftstanz gelernt haben, sollten Sie sich anschließend nicht die Nacht um die Ohren schlagen, sondern für ausreichenden Schlaf sorgen. Sonst war Ihr Trainingseifer vergeblich. Untersuchungen haben gezeigt, dass motorische Leistungen und Gedächtnisleistungen nach dem Üben weiter verbessert wurden, wenn die Testpersonen zwischenzeitlich geschlafen hatten. Wurde dieselbe Zeit im Wachzustand verbracht, gab es diese Leistungskonsolidierung nicht. Auch wenn der Schlaf später nachgeholt wurde, stellte sich der Lerneffekt nicht mehr ein.
Man lernt zwar Tango tanzen nicht im Schlaf, aber immerhin werden die gelernten Schritte gefestigt.

weniger vorstellbar – von einem dreißig Wochen alten Fötus, der nach Auffassung einiger Experten den ganzen Tag im REM-Zustand verbringt?“

Da ist es schon plausibler, dass im Traum schlicht Ordnung geschaffen wird.

Haben dissonante Informationen überhaupt eine Chance?

Die Dissonanztheorie erklärt sehr einleuchtend, warum wir eher Bestätigung für unsere Einstellungen suchen, als uns der Konfrontation mit dissonanten Meinungen auszusetzen. Wir umgeben uns gerne mit Menschen, von denen wir annehmen können, dass sie gleich denken wie wir. Pointiert könnte man auch sagen: Menschen mit gleichen Vorurteilen ziehen sich an. Andersdenkende werden häufig als stressig erlebt. Wir lesen die Zeitungen und Bücher und sehen die Filme, die unser Weltbild bestätigen. Dissonante Informationen dienen häufig nur dazu, dass man darüber die Nase rümpft oder den Kopf schüttelt – und bei seiner Meinung bleibt.

Haben neue, dissonante Informationen überhaupt eine Chance, beachtet und integriert zu werden? Es gibt eine Reihe von Untersuchungen, die nahelegen, dass man in dieser Hinsicht nicht allzu optimistisch sein darf. Das zeigt sich z. B. in der Wahlwerbung. Der Kommunikationswissenschaftler Gerhard Maletzke berichtet, dass die Menschen bei Informationen, die sie in ihrer Meinung stören, eher wegsehen oder weghören und bevorzugt die Botschaften aufnehmen, die sie in ihrer Überzeugung bestätigen. Wahlwerbung, so schließt er, bestätigt in erster Linie die bereits festgelegten Wähler in ihrer Überzeugung und kann bestenfalls unentschlossene und nach Information suchende Bürger in ihrer Meinung beeinflussen. Eingefleischte Anhänger einer Partei oder einer Ideologie können durch noch so viel Werbung nicht „umgepolt" werden. Da ist jede Liebesmüh vergeblich und jeder Werbeetat zu klein.

Lieber Verletzung riskieren als Dissonanz ertragen

Eine interessante Anwendung dissonanztheoretischer Prinzipien konnte man bei der Einführung der Gurtanlegepflicht beim Autofahren beobachten. Als das Nichtangurten noch nicht verboten und mit Strafe bedroht war, erwiesen sich Personen mit ausgeprägter Unfallangst als besonders resistent gegen Aufklärung über die möglichen negativen Auswirkungen dieses Verhaltens. Sie betrachteten das Anlegen des Gurtes als das für sie unerträgliche Eingeständnis, dass sie doch einen Unfall erleiden könnten. Das Anlegen des Gurtes stand somit in Dissonanz zu der Überzeugung, gegen Unfälle gefeit zu sein. Sie befanden sich in der paradoxen Situation, die Angst vor dem Unfall durch das Nichtangurten zu verdrängen, gleichzeitig aber stieg das Risiko schwerer Verletzungen bei einem tatsächlichen Unfall. Für diese Personengruppe war die Einführung der Gurtanlegepflicht eine wahre Erlösung, denn nun war es ihnen möglich, bei ihrer Überzeugung, keinen Unfall zu haben und deshalb keinen Gurt zu brauchen, zu bleiben und sich dennoch anzugurten. Sie konnten sich nämlich sagen: „Ich gurte mich nicht deshalb an, weil ich einen Unfall haben könnte, sondern weil ich der Strafe für das Nichtangurten entgehen will.“ Und damit war die Dissonanz zwischen Einstellung und Verhalten wirkungslos, denn erzwungenes Verhalten erzeugt keine Dissonanz.

Das Ertragen von Dissonanz ist „teuer“

Wie empfindlich dieses System der Suche nach Konsonanz ist, zeigt das folgende Experiment von Dieter Frey und Martin Irle: Gymnasiasten, von denen man annehmen konnte, dass sie für ein niedrigeres Wahlalter sind, wurden gebeten, einen Aufsatz *gegen* die Herabsetzung zu schreiben, also gegen ihre eigene Überzeugung zu argumentieren. Eine Gruppe der Testpersonen erhielt dafür eine Belohnung von 4 Euro, die andere musste mit 50 Cent vorliebnehmen. Beide Gruppen änderten ihre Einstellung. Aber, und das ist das Überraschende, die Gymnasiasten mit der geringeren Belohnung änderten ihre Einstellung stärker als die, welche 4 Euro erhalten hatten. Das widerspricht der üblichen Annahme, dass man für mehr Geld eher die Meinung ändern würde. Es funktioniert aber anders. Durch das Schreiben eines Aufsatzes gegen die eigene Überzeugung entsteht Dissonanz: Ich tue etwas, das nicht meiner Überzeugung entspricht. Allerdings kann man bei einer hohen Belohnung diesen unangenehmen Zustand schon einmal aushalten, d. h. eine andere Meinung vertreten und dennoch bei der eigenen bleiben. Die Belohnung ist also keine Bezahlung für die Meinungsänderung, sondern eine Abgeltung für das Ertragen der Dissonanz. Man kann vor sich selber argumentieren, dass man ja nur des Geldes wegen eine Meinung vertreten habe, zu der man nicht steht. Anders bei der geringen Belohnung. Um den unangenehmen Zustand der Dissonanz zwischen der eigenen Meinung und dem Inhalt des Aufsatzes zu vermeiden, bleibt den Testpersonen nichts anderes übrig, als ihre Einstellung zur Senkung des Wahlalters zu ändern. Die geringe Belohnung von 50 Cent reicht nicht aus, das Ertragen der Dissonanz vor sich selber zu rechtfertigen.

Ähnliches würde sich ereignen, wenn z. B. jemand in einer Firma arbeitet, die er innerlich ablehnt, weil sie etwa unseriöse Marketingmethoden anwendet oder minderwertige Produkte herstellt. Oder wenn ein Journalist für eine Zeitung schreibt, deren Blattlinie nicht seinen Überzeugungen entspricht. Ist die Bezahlung gut, sodass der betreffende Mitarbeiter bei der Firma bleibt, dann ist die Wahrscheinlichkeit groß, dass er seine ablehnende Haltung beibehält. Denn das Salär wäre dann eine Abgeltung für das Ertragen der Dissonanz zwischen seiner negativen Einstellung und der Arbeit für dieses Unternehmen. Bei nur durchschnittlicher oder schlechter Bezahlung müsste er, um das Bleiben bei der Firma vor sich zu rechtfertigen, seine Einstellung ändern. Oder kündigen.

So kann man Dissonanz vermindern

Man kann

- die gewählte Alternative aufwerten und die nicht gewählte abwerten,
- nach Informationen suchen, die die getroffene Entscheidung bestätigen,
- Informationen meiden, die die Entscheidung in Frage stellen,
- den Wert der bestätigenden Information erhöhen,
- mit Personen in Kontakt treten, die die eigene Meinung unterstützen,
- andere Personen von der Richtigkeit der eigenen Meinung bzw. der Entscheidung überzeugen,
- den Überbringer (Sender) einer dissonanten Information abwerten.

Und wenn man das alles auch nicht bewusst tut, kann man doch damit rechnen, dass sich das Unbewusste mit großer Wahrscheinlichkeit an diese Regeln hält.

Der Mensch – ein harmoniebedürftiges Wesen

Aus der Dissonanztheorie ergibt sich, dass der Mensch bevorzugt solche Informationen aufnimmt, die seinen Einstellungen entsprechen. Das erzeugt das angenehme Gefühl der Bestätigung. Dissonante Informationen werden hingegen eher gemieden, verändert, verdrängt, abgewertet u. Ä. Falls zur Aufrechterhaltung der Konsonanz eine Einstellungsänderung notwendig ist, so setzt diese an der schwächsten Stelle, z. B. an der für den Selbstwert der Person am wenigsten wichtigen Einstellung, an, damit der Energieaufwand möglichst gering ist. Im Lichte der Dissonanztheorie zeigt sich der Mensch als ein harmoniebedürftiges Wesen, das dann aktiv wird und unter Umständen große Energien freisetzt, wenn dieser Zustand der Balance bedroht ist. In diesen Situationen scheut sich der Mensch auch nicht, neu einlangende und nicht passende Informationen abzuwehren oder bereits gespeicherte Informationen, die nicht zu den neuen Realitäten passen, zu verändern.

Der Sündenfall – ein Modell zum Unglücklichsein

Nach getroffenen Entscheidungen ist es für das psychische Wohlbefinden wichtig, dazu zu stehen und sich nicht mit Phrasen wie „Hätte ich doch ..." unglücklich zu machen. Wie eine Untersuchung von Ehrlich und Kollegen zeigt, lesen Autofahrer vor dem Kauf alle Anzeigen

Der Sündenfall

von Autos, die für ihre Entscheidung in Frage kommen. Ist diese aber gefallen, so achten sie bevorzugt auf solche Werbungen, die sie in ihrer Wahl bestätigen. Das ist überaus vernünftig, denn sie könnten sonst lesen, dass die Wahl eines anderen Autos viel günstiger gewesen wäre, und sich damit unglücklich machen.

Natürlich gibt es auch solche Menschen, die jeweils das für attraktiv und erstrebenswert halten, was sie nicht haben und vielleicht auch niemals haben können. Ein gutes Rezept zum Unzufriedensein. Das begann schon, zu unser aller Leidwesen, mit Adam und Eva im Paradies.

Der Sündenfall und dessen Folgen

■ *Genesis, Kapitel 3*

3,1 Und die Schlange war listiger als alle Tiere des Feldes, die Gott der
HERR gemacht hatte; und sie sprach zu der Frau: Hat Gott wirklich ge-
sagt: Von allen Bäumen des Gartens dürft ihr nicht essen? **3,2** Da sagte
die Frau zur Schlange: Von den Früchten der Bäume des Gartens essen
wir; **3,3** aber von den Früchten des Baumes, der in der Mitte des Gartens
steht, hat Gott gesagt: Ihr sollt nicht davon essen und sollt sie nicht
berühren, damit ihr nicht sterbt! **3,4** Da sagte die Schlange zur Frau:
Keineswegs werdet ihr sterben! **3,5** Sondern Gott weiß, dass an dem Tag,
da ihr davon esst, eure Augen aufgetan werden und ihr sein werdet wie
Gott, erkennend Gutes und Böses. **3,6** Und die Frau sah, dass der Baum
gut zur Speise und dass er eine Lust für die Augen und dass der Baum
begehrenswert war, Einsicht zu geben; und sie nahm von seiner Frucht
und aß, und sie gab auch ihrem Mann bei ihr, und er aß. **3,7** Da wurden
ihrer beider Augen aufgetan, und sie erkannten, dass sie nackt waren;
und sie hefteten Feigenblätter zusammen und machten sich Schurze.

Laut Genesis, Kapitel 3, gestattete Gott Adam und Eva, die Früchte von allen Bäumen zu genießen, nur die von dem Baum, der in der Mitte des Gartens Eden stand, sollten sie meiden. Es kam aber so, wie es die sogenannte Reaktanztheorie voraussagt (siehe Kasten nächste Seite). Nach dieser Theorie erscheint gerade die Alternative, die verboten ist, besonders attraktiv. Adam wäre allenfalls bereit gewesen, nach der Dissonanztheorie zu handeln, die Früchte der anderen Bäume zu genießen und damit zufrieden zu sein. Eva verhielt sich jedoch nach der Reaktanztheorie. Die verbotenen Früchte erschienen ihr besonders süß und verlockend. Sie ließ sich von der Schlange bequatschen und überredete auch Adam, sich doch nicht mit dem erlaubten Obst abspeisen zu lassen. Wie es für die beiden und die nachfolgenden Generationen ausgegangen ist, wissen wir. Es folgte die Vertreibung aus dem Paradies. Die ersten Menschen konnten von nun an nicht mehr von der Hand in den Mund leben, sondern mussten ihre Nahrung „im Schweiße des Angesichts" der Erde durch Ackerbau abringen.

Die Reaktanztheorie

■ **Reaktanz ist eine Abwehrreaktion** gegen äußeren Druck oder Einschränkungen. Wenn die Freiheit durch Beschränkungen bedroht ist, besteht bei diesem Verhaltensmodell die Tendenz, sie zurückzuerobern. Die verbotene Handlungsmöglichkeit wird aufgewertet und angestrebt, auch wenn sie vorher nicht beachtet wurde oder wenn ausreichende Alternativen zur Verfügung stünden.

Auch heute noch macht dieses „Ach könnte ich doch ...", „Ach hätte ich doch ..." Menschen unglücklich und sie vertreiben sich damit selbst aus dem Paradies der Zufriedenheit. Aber erfreulicherweise ticken die meisten Menschen anders. Sie finden die gewählte Alternative attraktiv. Und selbst wenn die Wahl nicht freiwillig erfolgte, sondern erzwungen wurde, freunden sie sich meist damit an und halten es mit dem Schriftsteller Aldous Huxley: *„Das ist das Geheimnis des Glücks und der Tugend: zu lieben, was man verpflichtet ist zu tun."*

„Die Bankräuber schützen uns vor der Polizei.“

Stockholmer Geisel

Erzwungene Beziehungen

Wenn man an Realitäten prallt, die – zumindest vorläufig – nicht zu ändern sind, dann muss eben die Einstellung geändert werden, die mit der Realität nicht übereinstimmt, um Konsonanz zu erzeugen und nicht verrückt zu werden. Dafür sind oft schwerwiegende und mitunter unverständlich anmutende Anpassungsprozesse notwendig. Solche enormen Verdrängungsleistungen müssen etwa Geiseln oder Entführungsopfer erbringen. Dabei kann es zu jenem eigenartigen Phänomen kommen, das gemeinhin als „Stockholm-Syndrom“ bezeichnet wird.

Solidarisierung mit den Geiselnehmern – das Stockholm-Syndrom

Am 23. August 1973 stürmte ein schwer bewaffneter Mann (ein Komplize kam später hinzu) die Sveriges Kreditbank in Stockholm mit dem Ruf: „The party has just begun.“

Diese „Party“ sollte für vier Geiseln 131 Stunden dauern. Aber, und das war das Besondere an diesem Fall, trotz der Ängste, die die jungen Frauen und der 19-jährige Sven ausstehen mussten, gaben sie an, keinen Hass gegen die Geiselnehmer zu hegen oder gehegt zu haben. Und selbst nach der Befreiung baten sie um Gnade für die Täter und besuchten sie sogar im Gefängnis. Was ist hier passiert? Warum hassen die Geiseln nicht die Verbrecher, die ihnen die Freiheit raubten, sie in Angst versetzten und in Lebensgefahr brachten? Es gibt dafür verschiedene Erklärungsansätze. Aus meiner Sicht lässt sich dieses Phänomen mit der Dissonanztheorie gut erklären.

In einer Situation, aus der es kein Entkommen gibt, hat die Psyche Wichtigeres zu tun, als das Verhalten der Geiselnehmer moralisch zu bewerten. Es geht um das nackte Überleben und das Ertragen einer äußerst schwierigen Situation. Um die Überlebenschancen zu erhöhen und um Erleichterungen zu erlangen, ist es nicht nur vernünftig, sondern lebensnotwendig, sich mit den Tätern zu solidarisieren. Und die Erfahrungen zeigen, dass dadurch für die Kriminellen die Hemmschwelle, den Geiseln etwas anzutun, tatsächlich erhöht wird. Dieses Verhalten, das die Opfer vermutlich nicht überlegt haben, sondern instinktiv abrufen, würde sie in einen schwerwiegenden Konflikt stürzen, wenn sie die Geiselnehmer als aggressive und egoistische Verbrecher betrachteten. Man verhält sich Menschen gegenüber nicht freundlich, die man in Wahrheit hasst. Und man hasst nicht Menschen, bei denen es ratsam ist, mit ihnen zu kooperieren. Um Konsonanz zwischen dem solidarischen Verhalten und der Einstellung gegenüber den Entführern herzustellen, bleibt den Opfern nur die Möglichkeit, diese sympathisch und ihre Motive plausibel zu finden. Von den Geiselnehmern wird dies gefördert, indem sie Erleichterungen gewähren und Zeichen der Fürsorge setzen. Eines der Opfer von Stockholm sagte in einem Telefongespräch, das es während der Geiselnahme mit dem damaligen schwedischen Ministerpräsidenten Olof Palme führte: „Die Bankräuber schützen uns vor der Polizei."

Im selben Boot

Tatsächlich ist in manchen Fällen von Geiselnahme oder Entführung die Frage nicht leicht zu beantworten, von wem die Opfer mehr bedroht werden, von den Entführern oder den Befreiern. Hannelore Piegler war Chefstewardess in der Lufthansa-Maschine „Landshut", die am 13. Oktober 1977 auf dem Flug von Mallorca nach Frankfurt von vier palästinensischen Terroristen entführt wurde. Nach einem wahren Irrflug mit den Stationen Rom, Larnaka, Dubai und Aden, der die Welt fünf Tage lang in Atem hielt, landete die Maschine schließlich in Mogadischu. Die Terroristen forderten die Freilassung von inhaftierten Mitgliedern der Roten-Armee-Fraktion (RAF), anderenfalls drohten sie damit, die Maschine in die Luft zu sprengen. Hannelore Piegler, und mit ihr vermutlich alle 89 weiteren Personen an Bord, hofften darauf, dass die deutsche Bundesregierung dem Austausch Geiseln gegen Gefangene zustimmen möge. In dieser Situation befanden sich Crew, Fluggäste und Terroristen, wie die Chefstewardess es ausdrückte, im selben Boot. *„Wir haben uns nicht mit den Terroristen verbrüdert, aber die Situation verbrüderte uns."* Die Gefahr drohte vom Staat, denn der hatte ein Interesse daran, Härte zu demonstrieren und mit Gegengewalt zu antworten, um Nachahmungstäter nicht zu ermutigen.

Tatsächlich dachte man in Bonn nicht daran, die Forderungen der Terroristen zu erfüllen. Es erfolgte eine Befreiungsaktion durch die Spezialeinheit GSG 9, die als das „Wunder von Mogadischu“ in die Geschichte der Luftfahrt einging. Wie durch ein Wunder erlitten nur ein Crew-Mitglied und ein GSG-9-Mann leichte Verletzungen, drei der vier Terroristen wurden beim Angriff getötet. Wenige Stunden nach der erfolgreichen Aktion begingen drei der in Stammheim inhaftierten RAF-Terroristen Selbstmord.

So richtig diese Entscheidung, die in Bonn getroffen wurde, für das Wohl des Staates auch gewesen sein mag, so lebensbedrohlich war sie für die Insassen der „Landshut“. Sie machte sowohl die Fluggäste als auch die Crew zu Geiseln, die ohne Verschulden in diese Rolle geraten waren. Die Entscheidung des Kanzlers war getragen von der Überzeugung, den Staat vor Erpressungsversuchen bewahren zu müssen. Das Handeln der Terroristen war angetrieben von ihren, wenn auch fragwürdigen, politischen Motiven. Und die Geiseln? Sie konnten sich nicht auf höhere Ziele berufen. Sie hatten „nur“ den Wunsch zu überleben.

Wie real die Gefährdung der Geiseln durch die Befreiungsaktion war, beweist eine Passage in einem Buch von Ulrich Blank und Jupp Darchinger über den damaligen deutschen Bundeskanzler: *„Helmut Schmidt war darauf gefasst, seinen Rücktritt zu erklären, falls der Einsatz der GSG 9 zu einem totalen Blutbad, etwa durch Sprengung der Maschine, geführt hätte. Aber schon ein oder zwei Dutzend Überlebende erschienen ihm als eine ausreichende Rechtfertigung für das hohe Risiko.“* Den Flugzeuginsassen vermutlich nicht.

Auch nach der Befreiung kein Hass

Man sollte meinen, dass die Sympathie für die Geiselnehmer nach der Befreiung in Hass umkippt. Tut sie aber nicht, wie zahlreiche Beispiele belegen. Die Geiseln von Stockholm haben sich, wie bereits erwähnt, nach der Befreiung für die Täter eingesetzt. Patty Hearst, die amerikanische Verlegerstochter, die 1974 von der Symbionistischen Befreiungsarmee, einer kriminellen politischen Organisation, entführt worden war, schloss sich dieser Bande an und war nachweislich an mehreren Überfällen beteiligt. Sie teilte den Medien ihren Sinneswandel via Tonband mit. Später behauptete sie allerdings, dass sie unter LSD gesetzt worden sei. Das war aber möglicherweise nur eine Schutzbehauptung, um mit einer geringeren Strafe davonzukommen.

Hannelore Piegler sagt, sie sei im Laufe der fünf Tage gezwungen gewesen, sich in die Lage der „anderen Seite" zu versetzen, und sie habe für diese zwar keine Sympathie, aber doch Verständnis gehabt. Das sei auch heute noch so. Als allerdings die überlebende Terroristin nach Verbüßung ihrer Strafe versuchte, mit ihr Kontakt aufzunehmen, habe sie ein Gespräch mit ihr verweigert. Mit einiger Bitterkeit sagt sie heute: *„Sie (die Terroristin) erhielt an der amerikanischen Universität in Beirut nach ihrer Freilassung Standing Ovations. Ich aber bin nicht frei. Ich wäre auch lieber Sieger und nicht Opfer."* Die ehemalige Chefstewardess hat ihren Beruf, den sie so liebte, nie wieder ausgeübt. Die Befürchtung, noch einmal in eine solche Lage zu geraten, so unwahrscheinlich dies auch sein mag, war einfach zu groß. Angst kümmert sich nicht um Statistiken.

Der Fall Natascha Kampusch

Auch im aufsehenerregenden Fall der Österreicherin Natascha Kampusch war von Hass des Opfers auf den Entführer nichts zu bemerken. Sie wurde am 2. März 1998 als zehnjähriges Kind auf dem Weg zur Schule entführt. Der Täter, ein Nachrichtentechniker, hielt das Mädchen mehr als acht Jahre in einem fensterlosen, ca. 4,5 Quadratmeter großen Raum gefangen. Dieses Verlies durfte sie nur gelegentlich für Einkäufe oder Spaziergänge verlassen. Sie war von diesem Mann in einem extremen Ausmaß abhängig, denn wäre ihm etwas zugestoßen, so hätte sie vermutlich niemand in ihrem Versteck gefunden.

Nach 3096 Tagen gelang Natascha Kampusch schließlich die Flucht. Ihr Peiniger stürzte sich vor einen Zug. Doch trotz der Ängste

Natascha Kampusch. 3096 Tage in einem Verlies

und der unvorstellbaren Einschränkungen, die ihr der Entführer angetan hatte, sprach sie stets in auffallend differenzierten und wertschätzenden Worten über ihn.

Müsste bei ihr nicht jetzt, da die Bedrohung vorbei ist, der ganze Hass auf diesen Menschen durchbrechen, der ihr Todesängste bereitet und acht Jahre des Lebens geraubt hat? Warum geschah das bei ihr und anderen Entführungsopfern nicht?[3] Weil ein solcher Hass das Eingeständnis wäre, dass das sympathisierende Verhalten während der Geiselhaft nur vorgetäuscht war und nicht im Einklang mit der inneren Person stand. Und er würde mit einem Schlag das, was in dieser Zeit geschaffen worden ist, wertlos machen. Tatsächlich wurde von Natascha Kampusch eine Menge geschafft und geschaffen. Sie bewältigte eine überaus schwierige Situation und sie machte in den mehr als acht Jahren eine bemerkenswerte Entwicklung als Persönlichkeit durch. In Interviews betonte sie mit sichtbarem Stolz, dass sie letztlich stärker als der Entführer gewesen sei. Sie hat, wie die meisten Entführungsopfer, in die kritische Situation und die Beziehung zum Täter viel von sich investiert, um körperlich und seelisch zu überleben. Ein solches Investment, das unter schwierigen Bedingungen erbracht wurde, lässt man sich nicht einfach nehmen. Mit „billigem" Hass würde sie selbst diese Leistung entwerten. Das Verdrängen half Natascha Kampusch, die Realität zu ertragen, ohne verrückt zu werden, und es ermöglicht ihr heute, zu sich selber zu stehen. Ihre Verbundenheit mit dem Entführer über die Befreiung und über dessen Tod hinaus zeigte sich in einem Satz, den sie in einem TV-Interview äußerte: *„Wenn ich nicht weggelaufen wäre, hätte er sich nicht umgebracht."*

[3] Es soll nicht verschwiegen werden, dass sich nicht alle Geiseln wie jene von Stockholm verhalten. Manche fordern höhere Strafen für die Geiselnehmer. Auch der Hamburger Zigarettenerbe Jan Philipp Reemtsma, der 1999 für 33 Tage in der Hand von Entführern war, verspürte, wie er selbst sagte, nach der Entlassung keine Sympathie für die Täter und trat sogar als Nebenkläger auf.

Erzwungene Beziehungen im Alltag

Sie werden sich vielleicht fragen: „Was habe ich mit Entführung, Gefangenschaft oder Geiselhaft zu tun? Das sind Ausnahmesituationen, die mein Leben nicht betreffen." Das wird wohl so sein. Aber an diesen Beispielen werden die psychologischen Mechanismen klar, die auch in Alltagssituationen wirksam werden.

Stellen Sie sich vor, sie bekommen einen Chef, der Ihnen so richtig von Herzen zuwider ist. Leider gibt es keine Möglichkeit, in eine andere Abteilung versetzt zu werden, und der Arbeitsmarkt ist nicht so rosig, dass Sie ohne Weiteres eine vergleichbare Stelle bekommen. Was können Sie tun? Kündigen und zumindest eine vorübergehende Arbeitslosigkeit riskieren – oder sich arrangieren? Wenn Sie sich für das Arrangieren entscheiden, können Sie damit rechnen, dass die Psyche Sie nicht im Stich lassen wird. Es wird mit großer Wahrscheinlichkeit ein hilfreiches Verdrängungsprogramm anlaufen, an dessen Ende Sie Ihren Chef „gar nicht so übel" finden. Sie werden gute Seiten an ihm entdecken, die es Ihnen erleichtern, freundlich zu ihm zu sein. Es ist für die Psyche offensichtlich leichter, eine ungeliebte Person sympathisch zu „machen", als ständig Abneigung zu empfinden, gleichzeitig aber Sympathie zu heucheln.

Alles Lug und Trug?

Es ist eine oft gehörte Klage, dass die Menschen falsch seien und nicht sagen, was sie denken, und nicht tun, was sie sagen. Das trifft sicherlich häufig zu. Der amerikanische Psychologe Gerald Jellison (zitiert nach U. Kraft, 2003) analysierte die alltägliche Konversation von zwanzig Testpersonen. Dabei stellte er fest, dass selbst die ehrlichsten Teilnehmer im Durchschnitt alle acht Minuten einmal logen. Nach einer anderen Untersuchung lügen Menschen bis zu zweihundertmal pro Tag. Meist aber handelt es sich dabei nicht um handfeste Lügen, sondern um Flunkereien, Übertreibungen, Schmeicheleien oder Täuschungen. Nach einer Studie von Robert Feldmann von der University of Massachusetts schwindeln Männer meist, um sich in ein gutes Licht zu rücken. Sie stehen mit ihren Leistungen, seien diese beruflicher, sportlicher oder sexueller Natur, eher auf dem Prüfstand, oder glauben es zumindest. Sie polieren daher die Erfolge schon einmal auf oder beschönigen die Niederlagen. Frauen hingegen sorgen sich eher um ein gutes soziales Klima und loben gern das Outfit oder die Kochkünste der Freundin, auch wenn die Komplimente nicht ganz ihrer Überzeugung entsprechen.

Evolutionspsychologen sind der Meinung, dass die Entwicklung unseres komplizierten Sozialsystems ohne gelegentliche Unwahrheit gar nicht möglich gewesen wäre. Oft brauchen wir die Lüge, um jemand in einer Krise zum Durchhalten zu motivieren, den Selbstwert einer Person zu schützen oder ein gutes soziales Klima zu schaffen. Richtig lügen ist gar nicht so einfach. Es erfordert, dass man die eigenen Gefühle zurückhält, denn sonst würde man sich ja verraten. Und man muss sich in andere Personen hineindenken können. Eine

Lüge und Verdrängen

■ **Lügen ist das vorsätzliche Äußern einer Meinung,** die nicht mit der tatsächlichen Überzeugung übereinstimmt, um sich selber zu nützen oder einer anderen Person zu schaden. Und die Verdrängung? Ist sie nicht auch eine Lüge? Denn sie verleugnet bzw. verzerrt die Wahrheit. Sie ist zwar nicht darauf angelegt, anderen Personen zu schaden, sondern dem eigenen Ich zu nützen. Aber das kann anderen durchaus Nachteile bringen.

Es gibt aber einen gewaltigen Unterschied zwischen Lügen und Verdrängen. Die Lüge schafft einen unangenehmen, dissonanten Zustand. Ich weiß, dass ich lüge und tue es gegen meine innere Überzeugung. Beim Verdrängen hingegen schaffe ich eine neue Realität – meine Realität. Sie mag im Widerspruch zu einer äußeren Realität stehen, aber nicht zu mir. Verdrängen schafft eine subjektive Wirklichkeit, mit der das Ich zurechtkommt.

So betrachtet ist die Verdrängung keine Lüge, sie bewahrt uns vielmehr davor, lügen zu müssen.

solche Fähigkeit entwickelt sich nur langsam. Aus diesem Grund können Kinder bis zum vierten Lebensjahr nicht lügen. Es stimmt eben doch: Kinder und Narren sagen die Wahrheit.

Es mag nun der Eindruck entstanden sein, dass der Mensch aus Lug und Trug besteht und man ihm mit äußerster Vorsicht begegnen muss. So ist es dann auch wieder nicht, wenngleich nicht alles, was im Laufe eines Tages geredet wird, für bare Münze zu nehmen ist. Der Tendenz, es mit der Wahrheit nicht so genau zu nehmen, steht ein wirkungsvoller psychologischer Mechanismus entgegen: das Bedürfnis nach Konsonanz. Der Mensch lebt eben nicht gerne in einem Zustand der Dissonanz zwischen der eigenen Überzeugung und seinem Reden und Handeln.

Aufrichtigkeit ist für das Hirn der Normalzustand

Der Amerikaner David Langleben von der Pennsylvania School of Medicine ließ Testpersonen absichtlich lügen, während ihr Hirn gescannt wurde (zitiert nach U. Kraft). In zwei Regionen stellte er vermehrte Aktivität fest, im Gyrus cinguli, der für die Impulskontrolle zuständig ist, und im präfrontalen Cortex.

Den präfrontalen Cortex haben wir schon als die Region kennengelernt, die die Hauptrolle beim bewussten Verdrängen spielt (siehe „Dem Hirn beim Verdrängen zuschauen"). Ähnliche Prozesse laufen offensichtlich auch beim Lügen ab. David Langleben meint daher, dass man beim Lügen etwas unterdrücken müsse, und dieses Etwas ist dann wohl die Wahrheit. Sie drängt sich zunächst einmal auf und muss erst aktiv unterdrückt oder verdrängt werden.

Zu ähnlichen Schlussfolgerungen kommen Psychologen der University of Michigan. Sie ließen Testpersonen per Tastendruck angeben, ob sie bestimmte Personen oder Sachverhalte kennen würden. Hatten diese tatsächlich keine Ahnung und drückten sie wahrheitsgemäß die Nein-Taste, so erfolgte die Reaktion spätestens nach einer halben Sekunde. War die Antwort aber gelogen, dauerte es bis zum Tastendruck mehr als eine Sekunde. Die Wahrheit ist also viel schneller zu haben als die Lüge.

Auch diese Untersuchung ist ein Hinweis darauf, dass Aufrichtigkeit, wie Ulrich Kraft es ausdrückt, der „Normalzustand“ ist. Lügen erfordert vermehrte Hirnaktivität, da die Wahrheit erst verdrängt werden muss. Unaufrichtigkeit ist anstrengend und braucht Zeit.

Das Unbewusste lügt nicht

■ **Lügen ist eine „Leistung“ des Bewusstseins**, das Unbewusste kann nicht lügen. Das zeigt sich auch in der Körpersprache, die vom Unbewussten gesteuert wird. Darin drücken sich unsere Gefühle und Stimmungen aus. Wir sagen oft leichthin auf die Frage: „Wie geht's?“ „Danke gut“, auch wenn es nicht stimmt. Der Körper aber verrät uns und sagt die Wahrheit. Es sei denn, wir bemühen uns bewusst, den anderen zu täuschen.

Zu viel investiert, um aufzugeben

Stellen Sie sich vor, Sie haben ein Auto, das schon bessere Tage gesehen hat, das aber noch gut und gern ein paar Jahre seinen Dienst tun könnte. Da eröffnet Ihnen der Mechaniker bei der jährlichen Überprüfung, dass eine größere Motorreparatur fällig sei. Sie überlegen also, was das Auto noch wert ist, wie lange sie damit vermutlich noch fahren können, und rechnen die Reparaturkosten dagegen auf. Eine rein rechnerische Übung. Nehmen wir an, die Kalkulation habe ergeben, dass die Reparatur günstiger kommt, als ein neues Auto zu kaufen, und Sie erteilen der Werkstätte den Auftrag. So weit, so gut. Richtig problematisch wird es erst, wenn nach einem halben Jahr weitere Störungen auftreten, sodass die gesamten Reparaturkosten den Wert des Autos übersteigen. In diesem Fall müssten Sie noch zusätzlich Geld investieren, um den Verlust so gering wie möglich zu halten. Von Gewinn ist nun keine Rede mehr.

Wenn Sie das Auto jetzt verschrotten lassen und ein neues kaufen, war die Motorreparatur hinausgeworfenes Geld. Um diesen Verlust nicht hinnehmen zu müssen, entscheiden Sie sich möglicherweise dafür, dem schlechten Geld noch gutes hinterherzuwerfen. Und schon sind Sie in einer Spirale gefangen, welche die schöne Bezeichnung „Too much invested to quit“ trägt, oder auf gut Deutsch: „Zu viel investiert, um aufzugeben.“

Ähnlich verhält es sich im Umgang mit Aktien. Man kauft diese selbstverständlich, um Gewinn zu machen. Aber nehmen wir an, es läuft anders und die Papiere verlieren sukzessive an Wert. Bald stehen Sie vor einer schwierigen Entscheidung: geduldig warten, bis das Investment durch die Gewinne wieder ausgeglichen ist, und damit riskieren, noch mehr zu verlieren, oder verkaufen und den Verlust hinnehmen. Mit dem Verkauf verlieren Sie zwar nicht weiter, aber Sie müssen die bisherigen Verluste akzeptieren und die Hoffnung auf Gewinn aufgeben. Und das fällt schwer, denn Verluste wiegen schwerer als Gewinn (siehe Kasten).

Im Falle des Gebrauchtwagens und der Aktien hat man es immerhin mit Werten zu tun, mit denen man rechnen kann. Investment, Gewinn und Verlust können in derselben Währung angegeben wer-

Verluste wiegen schwerer als Gewinn

■ **Die meisten Menschen neigen stärker dazu,** Verluste zu meiden, als Gewinn zu erzielen. Daniel Kahneman, Psychologe an der University of Princeton, hat sich experimentell mit dieser Thematik auseinandergesetzt. Er meint, dass die Angst vor Verlusten ungefähr doppelt so stark sei wie die Freude über Gewinn. Das führt dazu, dass auch besonnene Menschen hohe Risken eingehen, um einen drohenden Verlust abzuwenden. Wenn sich Testpersonen entscheiden sollen, ob sie lieber 900 Euro sicher oder 1000 Euro mit einer Wahrscheinlichkeit von 90 Prozent erhalten, so schlagen sie sich meist auf die sichere Seite und begnügen sich mit dem geringeren Betrag. Ganz anders im Falle eines drohenden Verlustes. Wenn sie vor der Wahl stehen, 900 Euro sicher zu verlieren oder 1000 Euro in den Kamin schreiben zu müssen, dies allerdings nur mit einer Wahrscheinlichkeit von 90 Prozent, so neigen sie eher zu der zweiten Alternative. Die Wahrscheinlichkeit von 10 Prozent, einen Verlust abwenden zu können, reicht ihnen, um ein höheres Risiko einzugehen.

den. Aber dieses psychologische Modell funktioniert nicht nur bei einer simplen Autoreparatur oder beim Aktienkauf. Es kommt auch in zwischenmenschlichen Beziehungen zur Anwendung. Und dann wird es schwierig, denn in welcher Währung will man persönliches Engagement, Identifikation, Leid, Verlust des Selbstwertes oder Enttäuschung angeben und dann berechnen, ob sich ein weiteres Investment auszahlt oder ob man besser aufgibt. Manchmal ist es eine gute Strategie, dranzubleiben, auch wenn es schwerfällt. Häufig ist dieser Entschluss aber nur der Schritt in einen Kreislauf des Leidens und „Aussteigen mit Schaden" wäre die bessere Wahl.

Spirale der Gewalt

Ein breites Anwendungsfeld findet das Modell des „Too much invested to quit" in Beziehungen mit einem gewalttätigen Partner. Nehmen wir als Beispiel eine Beziehung, in der es zu Gewalt seitens des Mannes kommt. Würden Schläge gleich zu Beginn der Partnerschaft auf der Tagesordnung stehen, wäre es für die Frau vermutlich leicht, sich zu lösen. Sie hätte noch nichts investiert und würde bei einer Trennung auch nichts verlieren. Aber meist schleicht sich das gewalttätige Verhalten langsam ein, zunächst ein kleiner „Schupfer", dann Ohrfeigen, schließlich Faustschläge und Hiebe mit schweren Verletzungsfolgen. Und dazwischen immer wieder Versöhnungsgesten, Versprechen für die Zukunft und harmonische Phasen des Zusammenlebens. Die Partnerin schöpft daraus Mut und sieht sich für ihr Durchhalten belohnt. Aber es wird nicht besser, die gewalttätigen Übergriffe kommen immer wieder. Wann ist der richtige Zeitpunkt, um aufzugeben? Wenn sich die Spirale der Gewalt langsam dreht, ist es sehr schwierig, den richtigen Moment für den Ausstieg zu finden.

In diesem Punkt könnte man von Börsenprofis lernen. Sie empfehlen Anlegern, Limits zu setzen. Bereits vor dem Kauf einer Aktie sollte man mit kühlem Kopf überlegen, bei welchem Verlust man verkaufen und mit welchem Gewinn man sich zufriedengeben würde. Aber wer macht das schon, wenn er eine Beziehung beginnt.

Durchhalten oder aufgeben?

Das „Zu viel investiert, um aufzugeben“ übt enormen Druck aus, immer weiter zu investieren, auch wenn längst nichts mehr zu gewinnen ist. Um dieses Verhalten vor sich selber zu rechtfertigen, werden enorme Verdrängungsprozesse in Gang gesetzt. „Ich habe es schon so lange ausgehalten und er ist ja manchmal wirklich nett“, so oder ähnlich lauten die Durchhalteparolen. Das Verdrängen dient dazu, die bisherigen und zukünftigen Investments in die Beziehung zu rechtfertigen und die Situation erträglich zu machen.

Eine von drei Frauen wird im Laufe ihres Lebens misshandelt oder sexuell genötigt. Und das innerhalb der Familie.

Meist gelingt der Ausbruch aus einer solchen Beziehung erst, wenn vom gewalttätigen Partner ein Verhalten gesetzt wird, das nicht mehr hingenommen werden kann, wenn z. B. Schläge vor den Kindern passieren oder wenn sie ein solches Ausmaß annehmen, dass gesundheitliche Schäden zu befürchten sind. Dann ist möglicherweise der Zeitpunkt gekommen, an dem die Verdrängung nicht mehr funktioniert. Die Investments werden abgeschrieben, der Verlust realisiert.

Allan I. Teger, der Autor des Buches „Too much invested to quit“, sieht zwei Möglichkeiten, aus einer eskalierenden Situation möglichst heil herauszukommen: Entweder man akzeptiert, dass das bisherige Verhalten sinnlos war, und steigt aus. Das wäre das bereits angesprochene Modell „Aussteigen mit Schaden“ oder „Lieber ein Ende mit Schrecken als ein Schrecken ohne Ende“. Oder man bewertet die Situation völlig neu, und zwar so, dass der Wert der früheren Investments bewahrt bleibt und man nicht verpflichtet ist, weitere Investments zu tätigen. Man könnte etwa die schlechten Erfahrungen und die persönlichen Schäden als wichtige Lernphase auffassen, um damit frei zu sein für neue Entscheidungen.

Das Ausbrechen aus einer solchen Situation ist auch deshalb so schwierig, weil man damit den Verlust endgültig hinnimmt und die Illusion, doch noch einen Gewinn erzielen zu können, endgültig begraben muss. Eine Aktie mag noch so tief gefallen sein, der Verlust wird erst in dem Moment realisiert, in dem man aussteigt und sie verkauft. In Beziehungen ist es ähnlich. Erst wenn man aussteigt, ist das Investment an persönlichem Engagement und ertragenem Leid abzuschreiben.

Vielleicht aber ergibt sich die Gewinnchance in einer neuen Beziehung. Auch dafür haben Börsenprofis einen Tipp: Gewinnen kann nur, wer gelernt hat, Verluste zu realisieren.

„Nehmen Sie einem Durchschnittsmenschen die Lebenslüge, und Sie nehmen ihm zu gleicher Zeit das Glück.“

Henrik Ibsen

Lebenslügen

Die Lebenslüge ist keine gewöhnliche Lüge, sondern eine verinnerlichte Unwahrheit, die zur Basis des Lebenssinns, der Werthaltung und der persönlichen Ordnung der Welt geworden ist. Manchmal ist sie bewusst, manchmal aber ist sie im Laufe der Zeit in das Unbewusste abgesunken und wirkt von dort.

Lebenslüge

■ **Der Begriff wurde von Henrik Ibsen in die Literatur eingeführt.** Es war sein Anliegen, die scheinheilige Verlogenheit und Doppelmoral des Bürgertums seiner Zeit, dem Ende des 19. Jahrhunderts, anzuprangern. Er hätte auch heute viel zu schreiben.

Der Mythos der Tüchtigkeit

Eine Lebenslüge, die gerade in der westlichen Welt häufig anzutreffen ist, besteht in der Überzeugung: Meinen Wohlstand verdanke ich meinen Fähigkeiten und meiner Tüchtigkeit.

Was soll daran Lüge sein, werden Sie sich (oder mich) vielleicht fragen. Nun, ich bin der Überzeugung, dass der ökonomische Erfolg eines Menschen in erster Linie davon abhängt, wo er geboren wurde. Seien wir ehrlich: In Mitteleuropa und in anderen wirtschaftlich florierenden Regionen können es auch Personen, die mit Talenten eher bescheiden ausgestattet sind, relativ weit bringen. Ökonomischer Erfolg ist nicht so sehr eine individuelle Leistung, sondern das Ergebnis einer gesamtwirtschaftlichen Entwicklung. Und da haben wir eben Glück gehabt. Hingegen sind in vielen Gegenden dieser Welt selbst Menschen mit hoher Begabung und Motivation von vorneherein chancenlos. Haben Sie sich einmal überlegt, wo Sie mit all Ihrer Tüchtigkeit stünden, wären Sie in Simbabwe oder Äthiopien zur Welt gekommen?

Dem Tüchtigen gehört die Welt?

Aber warum diese Lebenslüge? Was bringt sie demjenigen, der ihr anhängt? Sie gibt die angenehme Bestätigung, dass man den Erfolg sich selbst und nicht anderen Menschen oder glücklichen Umständen zu verdanken hat. Das wertet das Ego gewaltig auf. Und man kann ohne schlechtes Gewissen mit der ungerechten Verteilung der Lebensgüter auf diesem Planeten zurechtkommen. Für die Menschen in unterentwickelten Ländern hat man den guten Rat: „Die sollen sich einfach mehr anstrengen, dann würde es ihnen auch besser gehen." Die Welt funktioniert nur leider nicht so einfach. Und die Lebenslügner wissen das auch – oder hätten zumindest die Möglichkeit, sich dieses Wissen zu beschaffen.

Um eine solche Lebenslüge aufrechtzuerhalten, ist Verdrängungsarbeit notwendig. Man könnte sonst auf die Wahrheit stoßen und vorbei wäre es mit der heilen Welt und der Einteilung in tüchtige und satte Menschen auf der einen und faule und hungrige auf der anderen Seite.

„Wir führen eine glückliche Ehe"

Es ist schon einige Jahre her, dass ich einen guten Bekannten, nennen wir ihn Herbert, traf, den ich lange nicht gesehen hatte. Es war ihm anzumerken, dass es ihm nicht gut ging, und er erzählte ohne Umschweife, dass ihm seine Frau völlig überraschend eröffnet habe, ihn verlassen zu wollen. Mittlerweile habe sie das auch in die Tat umgesetzt. Und das nach zwölf Jahren Ehe und zwei Kindern. Er sei aus allen Wolken gefallen und könne sich das Verhalten seiner Frau nicht erklären. Der Grund für die Trennung sei auch nicht, wie sie versichert habe, ein anderer Mann. Sie sei einfach nicht glücklich in der Beziehung.

Herbert beteuerte, dass sie kaum jemals gestritten hätten und er für die Familie alles getan habe. Aber was er unter „alles" verstand, deckte sich offensichtlich nicht mit dem, was seine Frau sich vom Leben erwartete. Herbert war der Lebenslüge „Wir führen eine glückliche Ehe" erlegen. Das konfliktfreie Dahinlaufen der Beziehung hatte er als gutes Funktionieren gewertet. Seine Frau hingegen sah darin das Vorüberziehen des Lebens, ohne dass wichtige Bedürfnisse, wie das nach Anerkennung und Selbstbestätigung, befriedigt worden wären.

Die Situation von Herbert ist kein Einzelfall. Dieses Phänomen, dass Mann und Frau eine Beziehung unterschiedlich beurteilen, ist auch wissenschaftlich untersucht. Für die Zufriedenheit in einer Paarbeziehung ist es wichtig, dass die Vorstellungen der beiden, was eine gute Beziehung ausmacht, weitgehend übereinstimmen und dass man erkennt, welche Erwartungen der jeweils andere hat. Frauen sind dabei sensibler und pragmatischer. Sie eignen sich eher als „Barometer" einer Beziehung, wie der Sozialpsychologe Manfred Hassebrauck es ausdrückt. Männer tendieren hingegen dazu, die Sache durch eine „rosarote Brille" zu sehen, und sind dann entsprechend überrascht, wenn sie erfahren, wie sich die Frau in der Beziehung fühlt.

„Ich bin im Leben immer zu kurz gekommen"

Manche Menschen wandeln wie Buchhalter durchs Leben. Sie registrieren, was die anderen bekommen und was sie selbst erhalten, und kommen regelmäßig zu dem Schluss: „Es ist weniger, als mir zustünde. Ich komme immer zu kurz." Eine solche negative Bilanz zu erstellen, ist nicht schwer. Man braucht nur die richtigen Vergleiche anzustellen. Es gibt immer diese anderen, die weniger leisten, geringere Fähigkeiten haben oder weniger attraktiv sind und dennoch höhere Positionen, mehr soziale Anerkennung oder schönere PartnerInnen abräumen. Aber es gibt eben auch diejenigen, die den gleichen oder sogar einen höheren Einsatz leisten und mit weniger zufrieden sein müssen. Die aber werden wohlweislich in der Bilanz nicht berücksichtigt. Auf diese Weise kann man die Lebenslüge täglich bestätigen.

Die Wurzeln einer solchen Einstellung reichen oft in eine schwierige Geschwistersituation zurück. Ein Kind hat, sei es berechtigt oder unberechtigt, das Gefühl, weniger geliebt zu werden als die Geschwister, und schon wird an einer Lebenslüge gestrickt.

Aber welchen Sinn soll diese haben, macht sie doch eigentlich nur unzufrieden und unglücklich? Menschen mit einer solchen Einstellung tun sich schwer damit, anderen Personen, dem Schicksal oder wem auch immer dankbar zu sein. Es ist für sie leichter zu sagen: „Die Bilanz ist nicht ausgeglichen. Es steht mir viel mehr zu." Dankbarkeit würde sie in ihren eigenen Augen klein machen und sie würde andere Personen oder das Schicksal aus der Verpflichtung entlassen, noch mehr für sie zu tun. Außerdem kann man mit dieser Einstellung weniger leicht enttäuscht werden, denn man hat die Enttäuschung schon eingeplant: „Was mir zusteht, bekomme ich ohnehin nicht."

Was würde sich ändern, wenn man eine solche Lebenslüge aufgäbe? Man könnte Dankbarkeit empfinden und sehen, dass man, alles in allem, von den Mitmenschen und vom Schicksal ganz gut behandelt wurde. Aber das beinhaltet die möglicherweise schmerzliche Erkenntnis: „Ich habe nichts zu fordern. Es gibt nichts, das mir zusteht. Alles ist ein Geschenk."

„Warum passiert das immer ausgerechnet mir?"

„Shit happens" (Scheiße passiert) ist die weise Erkenntnis, dass einem schlimme Dinge zustoßen können, ohne dass es einen besonderen Grund dafür gäbe oder dass man Schuld daran hätte. Es gelingt uns nicht immer, die „Scheiße" hinzunehmen, und manchmal stellen wir dem Schicksal dann vorwurfsvoll die Frage: „Warum passiert das ausgerechnet mir?" Zur Lebenslüge wird es aber erst, wenn man der Meinung ist, dass es ein Dauerzustand sei, dass einem von zwei Möglichkeiten automatisch die schlechtere zugeteilt werde. Diese Einstellung wird dann zur Basis für ein Gefühl der Benachteiligung und des Misstrauens dem Leben gegenüber. Dass die Ampel dann auf Rot springt, wenn man sich der Kreuzung nähert und in Eile ist, dass es regnet, wenn man den Schirm vergessen hat, und dass im Kino der größte Mensch im Saal ausgerechnet den Platz vor einem einnimmt, wird nicht als Zufall, sondern als ein abgekartetes Spiel erlebt.

Und das ist genau der springende Punkt. Die Vertreter dieser Lebenslüge beziehen ein Zufallssystem auf sich. Warum? Möglicherweise deshalb, weil der Mensch mit dem Zufall nichts anzufangen weiß. Er ist ein Sinnsucher. Und er sucht ihn auch dort, wo nachweislich der Zufall regiert.

Ein originelles Experiment, das an der Universität von Tennessee durchgeführt wurde (zitiert nach P. T. Staff), illustriert dies: Studenten wurden Analogien vorgegeben, die nach dem Zufallsprinzip von einem Computer ausgewählt worden waren, wie z. B.: „Pferd verhält sich zur Zeit wie Stein zu Buch." Die Testpersonen hatten die Aufgabe, die „Logik" dahinter zu erkennen, obwohl keine vorhanden war. Wie abenteuerlich und weit hergeholt die Antworten der Studenten auch waren, sie hatten immer die Überzeugung, eine passable Erklärung gegeben zu haben.

Diese geradezu notorische Suche nach Sinn hat sich vermutlich in der Evolution bewährt. Menschen, die in der Lage sind, die hinter einem System liegende Gesetzmäßigkeit zu erkennen, waren anderen überlegen. Diese Sinnsuche macht dann auch vor zufälligen Ereignissen nicht halt.

Der Zufall ist nicht vorhersehbar, aber in einem Punkt ist er zuverlässig: Auf Dauer gleichen sich Glück und Pech aus. Pokerspieler wissen das und auch Sportler, die eine Disziplin ausüben, bei der der Zufallseinfluss groß ist, wie etwa beim Golf, müssen das zur Kenntnis nehmen. Natürlich versucht der Sportler, durch Training den Faktor Zufall einzuschränken, aber ganz lässt er sich nicht eliminieren. Zum Glück, denn das macht den Sport so interessant. Ob ein Abschlag nach 250 Metern auf einer kahlen Stelle im Rasen zu liegen kommt oder einige Zentimeter daneben, ob ein Putt, der über die Lochkante rollt, hineinfällt oder auslippt, liegt nicht wirklich in der Hand des Spielers. Wenn er mit einem frustrierten „Warum passiert das immer ausgerechnet mir" auf ein solches Missgeschick reagiert, greift er in das ausgleichende System des Zufalls ein und verschlechtert seine Chancen. Denn ein verärgerter oder deprimierter Spieler ist ein schlechter Spieler. Wenn man schon einen Sinn in zufälligen Missgeschicken oder Glücksfällen erblicken möchte, dann den, dass damit diejenigen, die in der Lage sind, den Zufall als Zufall zu akzeptieren und ihn gelassen hinzunehmen, von denen getrennt werden, die glauben, darin einen höheren Sinn, etwa eine Erfüllung der Vorsehung, eine glückliche Fügung oder die Rache der Götter, sehen zu müssen.

In diesem Punkt kann man von den Golfprofessionals lernen. Ihre Strategie ist, gute wie schlechte Ergebnisse gleichmütig hinzunehmen. Shit happens. Glück auch.

Lebenslügen sind hartnäckig

Lebenslügen erfüllen immer einen Zweck, sonst wären sie nicht so hartnäckig. Manche halten ein Leben lang, manche platzen wie eine Seifenblase, wie z. B. jene von der glücklichen Ehe. Sie verschonen uns vor unangenehmen Gefühlen, bestätigen unsere Vorurteile, lassen uns die Welt so begreifen, wie wir sie sehen wollen, und geben unserem Leben Sinn. Warum sie also aufgeben? Nach Henrik Ibsen bestünde dann sogar die Gefahr, das Glück zu verlieren.

Aber Lebenslügen haben auch Schattenseiten. Wenn man durch

sie die Welt allzu verzerrt wahrnimmt, dem Leben einen zweifelhaften Sinn gibt oder sein Mitgefühl anderen Menschen gegenüber betäubt, ist vielleicht die Zeit gekommen, sich von ihnen zu lösen.

„Dass irgendein Mensch auf Erden ohne Vorurteil sein könne, ist das größte Vorurteil.“

August von Kotzebue

Schnell, bequem, oberflächlich – das Vorurteil

Es gehört zu den erstaunlichsten Fähigkeiten des Menschen, dass er in der Lage ist, unglaublich rasch die Beurteilung einer Person, einer Firma, einer Marke, einer Nation oder einer Rasse abzugeben. Die Rede ist von den sogenannten Vorurteilen. Was halten Sie von den Italienern? Wie beurteilen Sie Mercedes? Wie stehen Sie zu Moslems? Solche und ähnliche Fragen können uns nicht in Verlegenheit bringen. Rasch haben wir eine Antwort parat. Wir haben Vorurteile[4] über Völker, Rassen, Geschlechter, Berufe, Parteien, bekannte Persönlichkeiten sowie über den Mann am Nebentisch im Restaurant, den wir zum ersten Mal sehen. Auch wenn wir eine Person erst kurz kennen, sind wir in der Lage, sie aufgrund der Kleidung, des Haarschnitts oder anderer Äußerlichkeiten einzuschätzen. Oder bilden uns das zumindest ein. Diese „Schnellurteile" sind natürlich nicht differenziert, sondern oberflächlich und plakativ. Sie berücksichtigen nicht die Mannigfaltigkeit und den Facettenreichtum des Objekts. Aber offensichtlich kommen wir damit ganz gut zurecht.

Die Welt ist voll von Vorurteilen: „Frauen können nicht Auto fahren", „Schotten sind geizig", „Betrunkene haben einen Schutzengel", „Moderne Kunst ist unverständlich". Und schließlich ein sicherlich nicht zutreffendes Vorurteil: „Ich habe keine Vorurteile." Aber das gehört vielleicht eher in die Kategorie Lebenslüge.

Auch große Denker sind vor Vorurteilen nicht gefeit: Der Philosoph und Ethiker Immanuel Kant vertrat etwa in seinen Geografievorlesungen die Ansicht, es gäbe einen angeborenen Nationalcharakter. Er sprach von rachsüchtigen Chinesen, untreuen Hinterindern, tapferen Arabern und faulen Indianern. Und das, obwohl er bis zu diesen erstaunlichen Feststellungen über Königsberg nicht hinausgekommen war. Seine Landsleute sah er hingegen in strahlendem Licht: „Die Menschheit ist in ihrer größten Vollkommenheit in der Rasse der Weißen." (Zitiert nach Guthke 2007.)

---

[4] Der Begriff „vorgefertigtes Urteil" oder „Schnellurteil" wäre eigentlich treffender, denn Vorurteil ist durch den Gebrauch negativ besetzt. Zu Unrecht, denn ein Vorurteil kann auch eine zu positive Beurteilung darstellen, wie etwa die Überzeugung: „Mein Baby ist das schönste."

Wie es entsteht

Wie entsteht eigentlich ein Vorurteil? Es ist das Ergebnis eines sehr aufwendigen Prozesses, der uns nur deshalb so mühelos erscheint, weil wir nichts davon mitbekommen. Er läuft unbewusst ab. Werden wir beispielsweise um unsere Meinung zu „den Italienern" gefragt, werden alle Erfahrungen, die wir mit Angehörigen dieses Volkes gemacht haben, aktiviert. Darin sind alle unsere direkten Begegnungen bei Italienaufenthalten, Gespräche über dieses Thema, Berichte in Zeitungen und Magazinen, Filmsequenzen etc. enthalten. Der Urlaubsflirt ist genauso berücksichtigt wie Berichte und Filme über die Mafia, italienische Mode oder das Abschneiden der Tifosi im Fußball. Alle diese Erfahrungen bilden Neuronenverbindungen im Gehirn und ergeben ein Netzwerk, das „die Italiener" repräsentiert.

Bei Gericht: Urteil oder Vorurteil?

■ **Bei Gericht, wo Urteile gesprochen werden,** haben Vorurteile keinen Platz. Jeder Fall muss vielmehr als Einzelfall gewürdigt und gewertet werden. Sollte man meinen. Bereits 1911 schrieb der Präsident des damaligen Österreichischen Reichsgerichts (entspricht dem heutigen Obersten Gerichtshof), Josef Unger: „Wird mir ein Rechtsfall zur Entscheidung vorgelegt, so bilde ich mir alsbald instinktiv ein Vorurteil im eigentlichen Wortsinn und suche erst hinterher nach der juristischen Rechtfertigung und nach der logischen Begründung. Diese Vorausahnung des zu fällenden Urteils täuscht selten." (Zitiert nach Isay 1929.)
Wenn man das liest, beschleicht einen das unangenehme Gefühl, man ist vor Gericht von unbewussten Gehirnprozessen des Richters und nicht von messerscharfer Logik und juristischer Argumentation abhängig. Und das schafft Unbehagen. Aber warum sollte der Richter auf den gewaltigen Erfahrungsschatz verzichten, den er in zahllosen Verhandlungen, Aktenstudien und Diskussionen mit Kollegen angehäuft hat und aus dem das Vorurteil gespeist wird? Im Anschluss muss ohnehin eine juristische Begründung der Entscheidung erfolgen. Diese erledigt dann das Bewusstsein des Richters – oder ein schlecht bezahlter Referendar. Denn die eigentliche Leistung ist mit dem Vorurteil schon erbracht.

In unseren Gehirnen sind zahllose solcher Netzwerke gespeichert, die auf Knopfdruck aufgerufen werden können.

Eine Frage der Ökonomie

Das Vorurteil stellt eine ungeheure Leistung unseres Gehirns dar. Es ist ein Fall extremer Datenkomprimierung. Statt uns mit einer Flut von Informationen und riesigen Datenmengen herumschlagen zu müssen, liefert uns das Unbewusste ein vorgefertigtes Produkt, eben das Vorurteil. Es ist keine bloße Datensammlung, sondern so etwas wie die Essenz einer Menge von Erfahrungen, die irgendwie zusammengehören. Man könnte es mit der Kurzzusammenfassung eines Buches vergleichen. Diese wird zwar dem gesamten Werk mit seinen Nuancen, Perspektiven und vielschichtigen Darstellungen nicht gerecht, aber sie gibt einen ungefähren Eindruck vom Inhalt des Buches.

Das Vorurteil ist ein hervorragendes Instrument, damit wir uns rasch und mit geringem Aufwand in der Welt zurechtfinden, auch

Die Ökonomie unseres Gehirns

■ **Die Ökonomie unseres Gehirns zeigt sich u. a. darin,** dass Tätigkeiten dorthin verlagert werden, wo sie am „billigsten" produziert werden können. Wenn wir eine Fertigkeit wie etwa Tanzen oder Radfahren oftmals üben, wird sie in das Unbewusste abgeschoben und braucht nicht mehr bewusst gesteuert zu werden. Das Bewusstsein arbeitet „teuer". Es ist zwar sehr genau, hat aber nur eine geringe Kapazität und erledigt immer nur eines nach dem anderen. Ganz anders das Unbewusste: Es arbeitet parallel, hat praktisch unbegrenzte Ressourcen und ist rasend schnell. Für die Bewältigung großer Datenmengen ist es daher besser geeignet als das Bewusstsein. Eine gewisse Ungenauigkeit und Oberflächlichkeit muss dabei aber in Kauf genommen werden.

wenn wir damit gelegentlich danebenliegen. Unsere Psyche ist nun einmal auf Ökonomie ausgerichtet.

Vorgefertigte Urteile, so praktisch sie auch sein mögen, haben auch ihre Nachteile. Und hier stoßen wir auf den Zusammenhang mit dem Verdrängen: Vorurteile wirken wie ein Filter, durch den neu einlangende Informationen hindurchmüssen. Abweichende Details, die der globalen Beurteilung widersprechen, haben kaum eine Chance, berücksichtigt zu werden. Vorurteile streben nach Bestätigung, nicht nach Korrektur.

Wenn Sie eine Person für ehrlich und vertrauenswürdig halten, werden Sie Unaufrichtigkeiten kaum registrieren oder für „Ausrutscher" halten. Beurteilen Sie eine Person aber als nicht vertrauenswürdig, so ist Ihre Aufmerksamkeit von vorneherein darauf gerichtet, dieses Vorurteil bestätigt zu finden. Vorgefertigte Urteile bestimmen unser Handeln und sie verzerren die Wahrnehmung der Realität, damit sie bestätigt werden.

Vorurteile kann man messen

Eine Gruppe von Psychologen an der Harvard-Universität entwickelte einen Test, mit dem man Vorurteile messen kann, den sogenannten Implicit Association Test (IAT). Mit diesem Verfahren kann man überprüfen, wie stark die assoziativen Verbindungen zwischen zwei Vorstellungen sind. Ich demonstriere die Idee dieses Verfahrens an einem verkürzten Beispiel, das an einen Test in dem Buch „Blink. The Power of Thinking Without Thinking" von Malcolm Gladwell angelehnt ist.

Ein sehr verbreitetes Vorurteil besteht darin, dass Frauen ins Haus und zur Familie gehören, Männer hingegen Karriere machen sollen. Im Gehirn ist daher, so die zugrunde liegende Theorie, die Frau stärker mit Familie verknüpft als mit Karriere, Männer hingegen werden stärker mit Karriere assoziiert als mit Familie. Wird also in der Vorstellung „weiblich" aufgerufen, so werden Inhalte, die mit Familie zu tun haben, bevorzugt aktiviert.

Der Original-Test beginnt mit einer Warm-up-Phase, wir stürzen uns aber gleich auf den wesentlichen Teil: Ordnen Sie die untenstehenden Namen und Begriffe entweder der Seite „Männlich oder Karriere" oder der Seite „Weiblich oder Familie" zu. Machen Sie das so schnell wie möglich, sonst ist der Test nicht verwertbar. Stoppen Sie die Zeit, die Sie für die Zuordnung der Namen und Begriffe benötigen.

Männlich oder Karriere		**Weiblich oder Familie**
	Matthias	
	Elisabeth	
	Büro	
	Anstellung	
	Frau	
	Küche	
	Klaus	
	Unternehmen	
	Großeltern	
	Mann	
	Heim	
	Kerstin	

Diese Aufgabe dürfte Ihnen ohne größere Schwierigkeiten und ohne langes Nachdenken gelungen sein. Nun werden neue Kategorien gebildet, nämlich „Männlich oder Familie" und „Weiblich oder Karriere". Ordnen Sie die Namen und Begriffe wieder so rasch wie möglich der linken oder der rechten Seite zu und stoppen Sie wieder die benötigte Zeit.

Männlich oder Familie		Weiblich oder Karriere
	Sarah	
	weiblich	
	Aktiengesellschaft	
	männlich	
	Waschmaschine	
	Eva	
	Markus	
	Eltern	
	Thomas	
	Unternehmen	
	Hausarbeit	
	Handel	

Ich bin mir ziemlich sicher, dass Ihnen diese Aufgabe schwerer gefallen ist als die vorhergehende und dass Sie etwas länger dafür gebraucht haben. Warum eigentlich? Weil eben bei den meisten Menschen starke Assoziationen zwischen männlich und Karriere sowie zwischen weiblich und Familie bestehen. Das trifft übrigens nicht nur auf Männer zu. Auch die meisten Frauen haben dieses Vorurteil im Laufe ihres Lebens aufgesogen und es ist in ihren Gehirnen vernetzt.

Wird z. B. der Begriff „Unternehmen" dargeboten, wird dieser sofort mit Karriere assoziiert und gleichzeitig wird die Verbindung mit „männlich" aktiviert. Das läuft aufgrund der bereits bestehenden „Verdrahtung" automatisch. Ist der Begriff „Unternehmen" aber der Kategorie „Weiblich oder Karriere" zuzuordnen, so muss „männlich" erst unterdrückt werden. Und das erfordert Zeit. Im Schnitt sind es nur ca. 200 Millisekunden, aber das ist für neuronale Prozesse eine „kleine Ewigkeit". Wenn Sie also für die zweite Aufgabe länger gebraucht haben als für die erste, ist das ein Hinweis darauf, dass das Vorurteil „Frauen gehören ins Haus und zur Familie" in Ihrem Hirn bereits verdrahtet ist. Es gehört zwar zur Political Correctness, die Gleichwertigkeit der Geschlechter zu betonen, ich fürchte aber, dass in den Gehirnen, auch in denen der Frauen, noch andere Vernetzungen bestehen. Und diese steuern letztlich das Verhalten.

Ich empfehle Ihnen, den IAT im Selbstversuch durchzuführen. Es geht ganz einfach über das Internet, indem Sie www.implicit.harvard.edu aufsuchen. Sie können Ihre assoziativen Verbindungen im Gehirn bzw. Ihre Vorurteile zu verschiedenen Themen wie Rasse, Nationalität, Geschlecht, Alter oder Sexualität testen.

Drei Schritte gegen Vorurteile

Wie kann man sich gegen eigene Vorurteile zur Wehr setzen? Eigenartigerweise erkennt man bei anderen Menschen sehr leicht, wann sie einem solchen Schnellurteil aufsitzen, nur bei sich selbst ist man ziemlich blind dafür. In einem **ersten Schritt** wäre es daher sinnvoll, seine eigene Sicht auf die Welt nach Vorurteilen abzuklopfen: Wie halte ich es mit meiner Einstellung zum anderen Geschlecht, zu Ausländern, zu fremden Rassen, zu alten oder jungen Menschen, zu bestimmten Personen etc. Diese Vorurteile bewirken, dass Informationen und Erfahrungen, die im Widerspruch dazu stehen, unterdrückt oder verzerrt, eben verdrängt werden. Gefragt wäre, und das ist der **zweite Schritt,** Ihre Bereitschaft, Informationen möglichst ungefiltert und ohne vorauseilende Bewertung an sich heranzulassen, sie nicht gleich in einer bestimmten Schublade abzulegen, sondern sie in ihrer Eigenart und Besonderheit zu würdigen. Der **dritte Schritt** bestünde dann darin, möglichst viele Informationen über das Objekt zu sammeln. Denn Vorurteile gedeihen dort am besten, wo wenig Information vorhanden ist oder geringe Bereitschaft besteht, sich diese zu beschaffen.

Man kann sich nicht gänzlich von Vorurteilen befreien und sollte das auch nicht. Denn wir brauchen sie, um uns im Leben rasch zurechtzufinden. Wenn wir aber dadurch die Welt allzu vereinfacht und verzerrt wahrnehmen, wird es sinnvoll sein, auf die Realität zu schauen, die hinter dem vorgefertigten Urteil liegt. Wir stehen nicht immer unter Zeitdruck und müssen nicht immer sofort eine Einschätzung vornehmen oder uns ein Urteil bilden. Oft haben wir Muße und können diese nützen, uns ein differenziertes Bild zu machen.

„In der Tat wäre zu fragen, wie denn Wandel, Entwicklung, Neuerungen in einer Menschheit möglich wären, wenn die Menschen immer nur versuchten, jede kognitive Dissonanz zu vermeiden."

Gerhard Maletzke

Schattenseiten des Verdrängens

Die Verdrängung ist, wie ich zu zeigen versucht habe, ein von der Natur in sinnvoller Weise eingerichteter Mechanismus, der uns hilft, das Leben zu ertragen, es zu meistern und letztlich glücklicher und zufriedener zu sein. Sie sorgt für unsere innere Balance und ermöglicht es uns, mit der sogenannten Realität ins Reine zu kommen. Normalerweise wissen wir gar nicht, was wir verdrängen, welches gezielt veränderte Bild der Welt wir uns machen, um unser Leben meistern zu können. Unser Unbewusstes macht es meist selbsttätig, indem es manchmal nur korrigierend eingreift, manchmal aber auch die Notbremse zieht. Immer dient es dazu, das Ich zu schützen. Dieser psychologische Mechanismus kennt keine Moral und keine soziale Rücksichtnahme. Er dient nur dem Ich. Und dieser Mechanismus kümmert sich auch nicht um die Zukunft, sondern ist nur dem Moment verpflichtet. Ich habe Ihnen in der Einleitung angekündigt, auch die Grenzen und Schattenseiten des Verdrängens anzusprechen. Jetzt ist es so weit.

Schuld und Verdrängung

Ein geradezu klassischer Fall von Verdrängung läuft ab, wenn man Schuld auf sich geladen hat. Ein Schuldgefühl entsteht immer dann, wenn man eine Handlung setzt, die einer anderen Person (bzw. einem anderen Lebewesen) schadet und die man vor sich selbst nicht rechtfertigen kann. Entscheidend ist dabei nicht, wie diese Handlung von der Gesellschaft moralisch bewertet wird, sondern wie man sie selbst einschätzt. Nicht bei jedem Verstoß gegen gesellschaftliche Normen entwickelt man Schuldgefühle. Dieselbe Tat kann bei dem einen schwerste Gewissensbisse hervorrufen und einen anderen völlig ungerührt lassen.

Hinweis in eigener Sache
Es ist mir bewusst, dass gerade das Thema „Schuld und Verdrängung" die Probleme individueller und kollektiver Schuld im Zusammenhang mit Verbrechen des Nationalsozialismus berührt. Der Leser möge mir verzeihen und Verständnis dafür haben, dass ich auf diese Thematik nicht eingehe. Sie ist zu gewichtig, um im Rahmen dieses Buches gebührend berücksichtigt werden zu können.

Ich bin durchaus der Meinung, dass Verdrängen die Privatsache jedes Menschen ist. Wenn es dazu dient, ihn glücklicher zu machen, soll es den anderen recht sein. Wenn sich aber jemand durch sein Verhalten an Mitmenschen schuldig gemacht hat, kann diese Maxime aus meiner Sicht nicht mehr gelten. Denn dann wären von der Verdrängung auch andere, eben die Geschädigten, betroffen.

Wie gesagt: Verdrängung kennt keine Moral. Sie ist nur darauf ausgerichtet, dass das Ich mit der Situation zurechtkommt. Um das Opfer zu seinem Recht kommen zu lassen, ist es daher notwendig, den unbewusst ablaufenden Verdrängungsprozess bewusst zu unterlaufen. Wir sind schließlich von der Evolution mit Bewusstsein ausgestattet worden, dass wir es auch einsetzen, um nicht nur selbst im Leben zurechtzukommen, sondern um über die Grenzen des Ichs hinauszuschauen und auch die Ansprüche der Mitmenschen zu berücksichtigen. Das Unbewusste ist dabei keine Hilfe. Es ist hedonistisch, egoistisch und kurzsichtig.

Nach der psychoanalytischen Lehre ist es das Über-Ich, das die Schuldgefühle verursacht. In dieser Instanz wirken alle „Das-tut-man-nicht"-Gebote nach, die wir im Laufe unseres Lebens von den Eltern, den Vorgesetzten, der Kirche, von Autoritätspersonen und Mitmenschen erhalten haben. Tatsächlich konnte man in der Hirnforschung die Existenz eines ethischen Ichs nachweisen, das im orbitofrontalen Cortex lokalisiert ist. Wenn diese Hirnregion beschädigt ist, hat der betroffene Mensch kein moralisches Empfinden.

Schuldgefühle können sehr unangenehm sein. Sie äußern sich in Angst, Depression, Selbstvorwürfen, innerer Unruhe, Schlaflosigkeit und der ständigen Beschäftigung mit dem schuldhaften Verhalten. Es ist eine Art Selbstbestrafung, denn das Gewissen meldet sich auch dann, wenn es keine Zeugen für die Tat und keine Vorwürfe des Opfers gibt. Das Schuldgefühl hat auch damit zu tun, dass die schuldhafte Handlung mit dem Bild, das man von sich selber hat, nicht vereinbar ist. Und wer sieht sich nicht als moralische, hilfsbereite, faire Person? Das Eingestehen von Schuld bedroht daher auch den Selbstwert.

Warum leistet sich der Mensch ein Gewissen, wenn es doch nur unangenehme Gefühle vermittelt? Es hält uns möglicherweise von sozial unerwünschtem Verhalten ab. In der Evolution hat sich diese Einrichtung offensichtlich bewährt. In unserer egoistischen und entsolidarisierten Gesellschaft gewinnt man oft den Eindruck, dass gerade solche Menschen erfolgreich sind, die entweder resistent gegen Schuldgefühle sind oder sich den Luxus eines Gewissens erst gar nicht leisten. Aber global betrachtet hat eine Gruppe, ein Unternehmen oder eine ganze Gesellschaft, die nur aus Egoisten besteht, die geringeren Überlebenschancen.

Verstecken hinter Autorität

Die meisten Menschen verfügen über ein funktionierendes Gewissen, das darüber wacht, dass sie sich nicht unmoralisch verhalten. Und wenn sie es doch tun, werden sie mit quälenden Schuldgefühlen bestraft oder besser gesagt: sie bestrafen sich selbst. Um diesen Schuldgefühlen zu entgehen oder sie wenigstens zu mildern, werden Verdrängungsmechanismen wirksam. Unser ethisches Ich kann auf verschiedene Arten ausgetrickst werden. Zum Beispiel dadurch, dass ein Verhalten, das im Widerspruch zum Gewissen steht, von einer Autorität verlangt wird. Im bekannten Milgram-Experiment (siehe Kasten), das Stanley Milgram 1962 zum ersten Mal durchführte und das damals großes Aufsehen erregte, wurde auf schockierende Weise gezeigt, zu welch grauenhaften Handlungen Durchschnittsmenschen bereit sind, wenn sie von einer Autorität dazu aufgefordert werden und diese die Verantwortung übernimmt. Dieses Experiment macht deutlich, wie leicht es ist, Schuldgefühle zu verdrängen und die Stimme des Gewissens zum Verstummen zu bringen, wenn man sich auf eine Autorität berufen und sich dahinter verstecken kann. Wenn Ihnen in diesem Zusammenhang Sprüche wie „Ich habe nur meine Pflicht getan“ einfallen, sind Sie auf der richtigen Spur.

Jerry Burger von der Santa Clara University in Kalifornien hat das Milgram-Experiment jüngst wiederholt, um zu überprüfen, ob sich die Gehorsamsbereitschaft in den letzten Jahrzehnten durch Aufklärung und antiautoritäre Erziehung verändert hat. Fehlanzeige. Obwohl er eine sanftere Version des Tests durchführte, kam er zu demselben niederschmetternden Ergebnis.

Burger nahm an, dass wenigstens Menschen mit ausgeprägtem Mitgefühl sich weniger grausam verhalten. Wieder Fehlanzeige. Zwar drückten die Teilnehmer mit mehr Fähigkeit zur Empathie früher und häufiger ihr Widerstreben aus, die Prozedur fortzusetzen – aber sie machten genauso unerbittlich weiter wie jene mit weniger Mitgefühl.

„Lasst mich hier raus"

■ Jerry Burger wiederholt das Milgram-Experiment

Stanley Milgram führte 1962 erstmals ein Experiment durch, das er später in mehreren Variationen wiederholte. Er wollte damit die Bereitschaft testen, autoritären Anweisungen zu folgen, auch wenn sie im Widerspruch zum Gewissen stehen. In jüngster Zeit (2008) wiederholte Jerry Burger von der Santa Clara University in Kalifornien dieses Experiment, um zu überprüfen, ob solche besorgniserregenden Reaktionen auch heute noch, trotz antiautoritärer Erziehung, auftreten. Er verwendete eine Light-Version, da das Original-Experiment aus ethischen Gründen nicht mehr durchgeführt werden durfte. Trotz der sanfteren Testanordnung wurden die Ergebnisse von Milgram bestätigt.

Wie bei Milgram wurde auch im Test von Jerry Burger den Testpersonen gesagt, dass sie an einem Experiment teilnehmen, in dem der Zusammenhang zwischen Lernerfolg und Bestrafung untersucht werde. Im Testraum befanden sich jeweils zwei Testpersonen und der Versuchsleiter. Durch eine fingierte Losziehung wurde die eigentliche Testperson zum „Lehrer" bestimmt, während die andere Person, die in Wirklichkeit ein Schauspieler war, die Rolle des „Schülers" übernahm. Der gesamte Versuch war also inszeniert, nur die Testperson wusste nicht Bescheid.

Der „Lehrer" erhielt die Aufgabe, dem „Schüler" einen elektrischen Schlag zu versetzen, wenn dieser bei der Zusammensetzung von Wortpaaren einen (absichtlichen) Fehler machte. Nach jedem Fehler wurde die Stromspannung um 15 Volt erhöht. Selbstverständlich wurden dem „Schüler" nicht wirklich elektrische Schläge verabreicht, sondern er spielte die Reaktionen je nach Spannung nach einem fixen Schema: Bei 75

Volt drang aus dem Nebenraum, in dem sich der „Schüler" befand, ein Stöhnen, bei 120 Volt waren Schmerzensschreie zu vernehmen. Bei 150 Volt schließlich schrie der Schüler: „Lasst mich hier raus. Es reicht."
Bei Milgram war es für die Testpersonen nicht einfach, die Prozedur abzubrechen, denn sie wurden vom Versuchsleiter mehrmals zum Weitermachen aufgefordert, wobei er auf den Nutzen des Experiments für die Wissenschaft hinwies. Bei Burger wurde den Testteilnehmern hingegen mehrmals gesagt, dass sie aufhören könnten und dennoch die vereinbarte Aufwandsentschädigung erhalten würden. Wenn 150 Volt erreicht waren, wurde das Experiment aus ethischen Gründen abgebrochen und die Testperson wurde über die Hintergründe aufgeklärt. Bei Milgram war das Experiment, sofern der Lehrer nicht vorher ausgestiegen war, bis 450 Volt fortgeführt worden.
Trotz dieser Unterschiede kam es zu vergleichbaren Ergebnissen. Bei Burger wollten 70 Prozent nach Erreichen von 150 Volt weitermachen, bei Milgram waren es 82,5 Prozent. Und von diesen Testpersonen gingen 79 Prozent bis zur maximalen Stufe von 450 Volt.

Für ein höheres Ziel

Noch ein weiterer Aspekt ist von Milgram untersucht worden. Der Versuchsleiter berief sich bei seinen Aufforderungen zum Weitermachen auch darauf, dass es zum Wohle der Wissenschaft geschehe. In einer Variation des Experiments gab er sich nicht als Forscher der angesehenen Universität Yale aus, sondern als Mitarbeiter eines fiktiven Forschungsinstituts, das in einem heruntergekommenen Bürogebäude untergebracht war. Während im ersteren Fall 65 Prozent der Testpersonen bis zur maximalen Spannung gingen, waren es im letzteren nur 48 Prozent.

Mit der Berufung auf einen höheren Sinn wurden und werden weltweit Gräueltaten bemäntelt und Schuldgefühle verdrängt. Letztlich verläuft jeder Krieg nach diesem Muster. Nicht nur einzelne Menschen, auch Völker und Staaten haben ein Gewissen und ihre Verdrängungsprozesse. Welcher Politiker sagt schon: „Wir fallen jetzt in diesem Land ein und kontrollieren die Ölquellen“? Stattdessen ist die Rede von Befreiung der Bevölkerung und Einführung der Demokratie. Macht sich doch viel besser. Es verdrängt die Schuldgefühle und bewahrt den Selbstwert eines ganzen Volkes.

Doch zurück zum Alltag des Verdrängens. Dieses Berufen auf einen höheren Sinn sehe ich als ein oft eingesetztes Instrument zur Verdrängung von Schuldgefühlen bei „pädagogisch wertvollen“, in Wahrheit aber schädigenden Verhaltensweisen von Eltern, Lehrern und selbst ernannten Erziehern. Mit „Ich will ja nur dein Bestes“ oder „Du wirst mir noch einmal dankbar sein“ beginnen häufig bedenkliche erzieherische Maßnahmen.

Das Opfer ist schuld

In den letzten Jahrzehnten hat sich eine eigene Forschungsrichtung entwickelt, die sich mit der Frage beschäftigt, auf welche Weise Menschen selbst dazu beitragen, Opfer von Straftaten zu werden, die sogenannte Viktimologie. Solche Untersuchungen können durchaus nützlich sein, wenn sie dazu beitragen, dass sich potenzielle Opfer besser schützen. Diese Sichtweise hat aber einen negativen Nebeneffekt: Sie gibt den Tätern die Chance, ihr Verhalten damit zu entschuldigen, dass sie vom Opfer dazu provoziert worden seien oder dass das Opfer eigentlich einverstanden gewesen wäre und es ja so gewollt habe.

Eine befreundete Psychologin berichtete mir folgende Begebenheit: *„Eine meiner Freundinnen vertraute mir an, dass sie von der eigenen Mutter jahrelang für Sexspiele missbraucht worden sei. Das habe vom Kleinkindalter bis etwa zum zehnten Lebensjahr gedauert. Als sie nach Jahrzehnten, sie war mittlerweile über dreißig Jahre alt, die Mutter zur Rede stellte und sie fragte, warum sie das getan habe, sagte diese: ‚Was hätte ich denn tun sollen, es hat dir doch so gefallen.‘ Mit dieser Rechtfertigung der Mutter hat sich meine Freundin gefühlt, als würde sie noch einmal geschändet.“*

Es ist anzunehmen, dass das kleine Kind das Verhalten der Mutter gar nicht einordnen konnte, es möglicherweise für Zuwendung hielt und sich deshalb nicht zur Wehr setzte. Aber die Mutter hat immer gewusst, dass es Missbrauch ist. Ihr ist es offensichtlich gelungen, die Schuld zu verdrängen, indem sie die Verantwortung einem unschuldigen Kleinkind zuschob.

„Das tun doch alle“

Eine weitere Möglichkeit, schuldhaftes Verhalten vor sich und anderen zu rechtfertigen und den Selbstwert zu bewahren, besteht darin, dass man sich hinter einer vermeintlichen Mehrheit versteckt. Denn was die meisten tun, kann nicht so schlimm sein. Der psychologische Mechanismus, der in diesem Fall zu Hilfe kommt, ist der „Effekt des falschen Konsens“. Darunter versteht man die Neigung des Menschen, anzunehmen, dass seine Einstellungen, Werte und Verhaltensweisen im Großen und Ganzen von anderen geteilt werden. Zum Beispiel neigen Autofahrer, die alkoholisiert am Steuer erwischt wurden, dazu, den Anteil angetrunkener Fahrer bei Weitem zu überschätzen – und schon gehören sie vermeintlich keiner Minderheit mehr an. Diese gezielte Verzerrung der Realität lässt sich wunderbar dafür verwenden, Schuldgefühle zu verdrängen und den Selbstwert zu bewahren. Fahrerflucht nach einem Parkschaden? Macht doch jeder. Ohrfeigen als Erziehungsmittel? Das tun doch alle. Unterlassene Hilfeleistung? Warum gerade ich, die anderen schauen doch auch weg.

Wiedergutmachung – aus purem Egoismus

Mit den beschriebenen Verdrängungsmechanismen kann man es schaffen, trotz schuldhaften Verhaltens mit einem reinen Gewissen durchs Leben zu gehen und sich selbst in die Augen schauen zu können. Die geschädigte Person aber bleibt auf der Strecke. Denn das ist das Problem der verdrängten Schuld: Das Opfer wird zweimal geschädigt. Zuerst durch das schädigende Verhalten des Täters und dann noch einmal durch dessen Versuch, die Schuld zu verdrängen.

Die wirkungsvollste Form, mit sich selber und dem Menschen, an dem man sich schuldig gemacht hat, ins Reine zu kommen, ist die Wiedergutmachung. Ich meine damit nicht nur das Ersetzen materieller Schäden. Viel wichtiger noch wäre die zwischenmenschliche Wiedergutmachung. Oder zumindest der Versuch dazu. Oft würde schon ein Gespräch genügen. Voraussetzung dafür wäre allerdings, und daran scheitert es zumeist, dass die Schuld eingestanden wird. Es verlangt vom Täter, sich nicht in die bequeme Verdrängung zu flüchten, sondern – im Gegenteil – dem unbewusst ablaufenden Prozess der Verdrängung gegenzusteuern. Und Ausreden wie „Ich konnte nicht anders", „Ich tat es für ein höheres Ziel", „Du hast es ja so gewollt" oder „Das tun doch alle" für sich eben nicht gelten zu lassen.

Da fehlt noch was

Die Rechts- und Versicherungssysteme der westlichen Welt, auf die wir mit gutem Grund stolz sind, verwischen oft die menschlichen Zusammenhänge im Falle schuldhaften Verhaltens. Schäden, die wir angerichtet haben, müssen wir meist nicht selbst ersetzen, da Versicherungen einspringen. Aber auch dann erwartet sich der Geschädigte so etwas wie eine Entschuldigung oder einen Ausdruck des Bedauerns. Der trotzige Hinweis „Das zahlt ohnehin meine Versicherung" ist kein Ersatz dafür.

Bei Straftaten hat es sich der Staat vorbehalten, den Täter zur Rechenschaft zu ziehen und gegebenenfalls zu bestrafen. Die Selbstjustiz und das „Auge-um-Auge-Zahn-um-Zahn"-Prinzip gehören glücklicherweise der Vergangenheit an. Wir leben in modernen Zeiten, die Psyche aber reagiert noch ganz archaisch. Wenn die Gerichtsakten geschlossen, die Entschädigung gezahlt oder die Versicherungsleistungen abgewickelt sind, sagt sie: „Da fehlt noch etwas."

Die Rede ist von so altmodischen Dingen wie Entschuldigen, um Verzeihung bitten, Bedauern und Reue zeigen. Aber darauf wartet das Opfer meist vergeblich.

Ich plädiere für die seelische und materielle Wiedergutmachung nicht deshalb, weil sie moralisch wertvoll ist. Auch nicht unbedingt, damit dem Opfer etwas Gutes getan wird. Ich sehe sie durchaus als egoistischen und eigennützigen Akt. Sie hilft dem Täter, sich von seiner Schuld zu befreien, sich zu ent-schuld-igen. Erst dann hat auch die geschädigte Person die Möglichkeit, sofern sie es will und kann, Verzeihung zu üben und damit ihre innere Balance wiederzufinden.

Auch das Verzeihen hält der Überprüfung durch den Egoismus stand. Untersuchungen zeigen, dass dadurch das psychische Wohlbefinden verbessert wird. Personen, die verzeihen, sind nach einer US-Studie lebenszufriedener und weniger depressiv.

Verdrängen ist kurzsichtig

Unbewusst ablaufende Verdrängung ist nicht nur egoistisch, sondern auch kurzsichtig. Dem letzteren Aspekt werde ich mich im Folgenden widmen. Das Unbewusste kennt keine taktischen Überlegungen in dem Sinn, dass ein im Moment unangenehmer Zustand in Kauf genommen wird, um längerfristig einen Vorteil zu haben. Es funktioniert eher nach dem Prinzip: Ich will alles und das sofort. Planerisches Denken zur Sicherung der Zukunft, Triebaufschub oder gar Triebverzicht? Fehlanzeige. Da muss das Bewusstsein einspringen. Um z. B. eine mühevolle Ausbildung zu absolvieren, um später bessere berufliche Chancen vorzufinden, müssen Sie sich mit dem Bewusstsein verbünden, denn dort ist der Sitz der Disziplin und der Planung. Das Unbewusste sieht nur den momentanen Vorteil. Auch wenn Sie einen späteren Genuss dadurch steigern möchten, dass Sie vorher freiwilligen Verzicht üben, ist das Bewusstsein der Ansprechpartner.

Diese Kurzsichtigkeit des Unbewussten kann beim Verdrängen erhebliche Nachteile bringen. Betrachten wir es am Beispiel der Krankheit. Wie bereits im Kapitel „Verdrängen und Krankheit“ dargestellt, neigen Verdränger dazu, Krankheitssymptome zu ignorieren. Wenn es sich dabei um eine Unpässlichkeit oder eine nur geringe Beeinträchtigung handelt, fährt man damit ganz gut. Auch im anderen

Extrem, einer nicht behandelbaren Erkrankung, sind Patienten, die ihren Zustand wenigstens zeitweise verdrängen können, im Vorteil. Wenn es aber darauf ankäme, sein Verhalten zu ändern, um den Verlauf einer Krankheit zu mildern oder eine spätere Erkrankung zu vermeiden, haben Verdränger schlechte Karten. Um die Angst vor einer gesundheitlichen Beeinträchtigung zu unterdrücken, verdrängen sie auch die vorbeugenden Maßnahmen, die notwendig wären, sie zu verhindern.

So sind Verdränger etwa als Schlaganfallpatienten in erhöhtem Maße gefährdet, da sie kaum bereit sind, ihren Lebensstil zu ändern. Denn das wäre das Eingeständnis, einen labilen Gesundheitszustand zu haben.

Bei traumatischen Erlebnissen ist die Verdrängung so etwas wie eine vorläufige Sofortlösung. Sie ist notwendig, damit der betroffene Mensch in seiner seelischen Existenz nicht gefährdet ist. Für ein Begreifen der Realität würde die psychische Kraft im Moment nicht ausreichen. Es dauert oft Jahrzehnte, bis Menschen, die solche Erlebnisse zu verkraften haben, die Wahrheit an sich heranlassen. Bei den Recherchen zu meinem Buch „In aller Liebe. Wie Mütter ihre Kinder unglücklich machen“ traf ich viele Menschen, die ihre problematische Mutterbeziehung erst im Erwachsenenalter aufgearbeitet haben.

Aber warum überhaupt aufarbeiten? Wäre es nicht vernünftiger, sich nicht damit zu beschäftigen, wenn es ohnehin nur Schmerzen bereitet und die Beziehungen zu wichtigen Menschen völlig neu geordnet werden müssen? Das Aufarbeiten kann durchaus sinnvoll sein, dann nämlich, wenn man durch das Verdrängen in seinem Handlungs- und Erlebensspielraum eingeengt wird.

Nehmen wir als Beispiel ein Kind, dessen Mutter nicht in der Lage ist, ihm die Liebe zu geben, die es braucht. Eine solche Tatsache ist für das kleine Geschöpf so unverständlich, verletzend und Selbstwert-zerstörend, dass sie nicht zur Kenntnis genommen, sondern verdrängt wird. Solche Kinder bemühen sich meist verzweifelt, durch besondere Leistungen die Liebe der Mutter oder wenigstens deren Anerkennung zu gewinnen. Sie glauben, Liebe müsse und könne man sich verdienen. Dieses früh gelernte Verhaltensmuster wenden sie später auch in Paarbeziehungen an, was meist zum Desaster führt. Denn durch diese dienende und unterwürfige Rolle verlieren sie die Achtung des Partners bzw. der Partnerin. Oder sie verschrecken ihr Gegenüber, indem sie Gefühle einfordern, die sie glauben verdient zu haben. Aber Liebe ist immer ein Geschenk. Das können Menschen mit einer solchen Vorgeschichte erst begreifen, wenn sie ihre Mutterbeziehung aufgearbeitet haben.

Susanne, eine betroffene Tochter, drückte es so aus: *„Ich habe immer versucht, mit irgendwelchen Leistungen zu beweisen, dass ich etwas wert bin. In meinen Beziehungen habe ich versucht, dieses Gefühl, etwas wert zu sein, von meinen Partnern zu bekommen. Und erst nach vielen Jahren – ich würde sagen, ich war mindestens vierzig Jahre alt – ist mir klar geworden, dass ein Mensch an sich etwas wert ist und dass er das nicht beweisen kann oder beweisen muss."*

Das Verdrängen der Tatsache, eine lieblose Mutter zu haben, hilft, eine traurige Kindheit wenigstens als erträglich zu erleben. Für die Entwicklung der sozialen Fähigkeiten wäre es aber wünschenswert, sich der Wahrheit zu stellen, damit das Verhalten in Paarbeziehungen und Freundschaften nicht belastet ist. Dafür muss man aber bewusst etwas tun, denn das Unbewusste begnügt sich mit dem Verdrängen, um die Gegenwart zu ertragen. Auch wenn es für das zukünftige Leben von Nachteil ist.

„Sehnsüchtig grüßt der, der ich bin, den, der ich sein möchte.“

Unbekannt

Die Harmonie-Falle

Innere und äußere Konsonanz

Wie bereits im Kapitel „Auf der Suche nach Harmonie“ ausgeführt, hat der Mensch das Bedürfnis, Konsonanz bezüglich seiner Meinungen und Einstellungen herzustellen. Daher umgibt er sich gerne mit Menschen, die diese Einstellungen bestätigen. Das schafft ein angenehmes Gefühl der inneren Balance ohne Selbstzweifel und Zerrissenheit. Aber so, wie wir selbst innere Konsonanz suchen, tun das natürlich auch die anderen. Und die sind, ebenso wie wir selbst, daran interessiert, dass das soziale Umfeld stabil bleibt, dass das Verhalten der für sie wichtigen Mitmenschen berechenbar und voraussagbar ist. Auch Sie sind für Ihr soziales Umfeld ein Faktor der Konsonanz. Es wird von Ihnen erwartet, dass Sie diese Rolle spielen. Es muss nicht unbedingt die des Ja-Sagers sein. Die Ihnen zugedachte Rolle kann auch darin bestehen, dass Sie als schwarzes Schaf oder abschreckendes Beispiel fungieren. Auch das mit dem Zweck, die anderen in ihren Haltungen zu bestärken. Und so bestätigen wir andere in ihren Meinungen und Einstellungen und werden von den anderen bestätigt und alle leben glücklich und zufrieden, bis ... ja, bis etwa Sie, aus welchen Gründen immer, Ihr Verhalten oder Ihre Einstellung ändern möchten oder ändern müssen. Dann werden Sie merken, dass Ihre Umgebung kein Interesse daran hat, Sie aus der Schublade zu lassen, in die Sie einmal hineingesteckt wurden. Diese Menschen haben ein bestimmtes Bild von Ihnen, und dem haben

Einmal Bösewicht, immer Bösewicht

■ **Auch Schauspieler haben oft größte Mühe**, sich von einer Figur zu lösen, die sie einmal dargestellt haben. Wenn etwa Peter Falk, der Darsteller des Columbo, in einem anderen Film auftritt, werden wir ihn zunächst als Kriminalinspektor wahrnehmen, und er wird es sehr schwer haben, dagegen anzuspielen. Oder wenn ein Schauspieler durch eine überzeugende Darstellung als Bösewicht in unserer Erinnerung abgespeichert ist, werden wir ihm den ehrlichen Geschäftsmann oder den romantischen Liebhaber nur gegen große innere Widerstände abnehmen.

Konrad Adenauer: „Was gebe ich auf mein Geschwätz von gestern."

Sie zu entsprechen, ob Sie wollen oder nicht. Denn Sie haben die Aufgabe, sie in ihren Einstellungen zu bestätigen.

Wir werden von unserer Umgebung gerne an einmal geäußerten Meinungen festgenagelt. Als ein Journalist das beim ehemaligen deutschen Bundeskanzler Konrad Adenauer versuchte, reagierte dieser mit einem bemerkenswerten verbalen Befreiungsschlag: „Was gebe ich auf mein Geschwätz von gestern", erwiderte er. Es erfordert eine Menge Mut und Selbstbewusstsein, sich von den Erwartungen der anderen und dem eigenen Streben nach Konsonanz zu lösen. Aber nur so ist Veränderung und Entwicklung möglich.

Wie viel Veränderung erlaubt Ihnen Ihre Umgebung?

Auch in der Psychotherapie kann das Streben nach Konsonanz ein Hemmschuh sein. Eine Therapie ist immer auf die Veränderung von Einstellungen und Verhalten ausgerichtet. Das bedeutet aber, dass der Änderungswillige ohne Bestätigung durch seinen Freundes- und Bekanntenkreis auskommen muss, denn diese Personen verstärken ihn nur in seinen alten Gewohnheiten. So müssen Therapeuten oft raten, das soziale Umfeld zu wechseln, damit ein Therapieerfolg möglich wird. Eine andere Möglichkeit ist es, das soziale Umfeld, z. B. die Familie, in die Veränderung einzubeziehen.

Nicht nur ein Einzelwesen, auch eine Gruppe, eine Familie, ein Unternehmen oder ein Staat kann durch das Streben nach Konsonanz und durch Abwehr und Verdrängung von dissonanten Einflüssen zum Untergang verdammt sein. Betrachten wir als Beispiel ein Unternehmen, das in der Vergangenheit überaus erfolgreich war, dessen Strategie aufgrund der veränderten Märkte aber nicht mehr funktioniert. Wenn in dieser Situation die Entscheidungsträger in ihren eingefahrenen Denkmustern bleiben, sich diese von ausgewählten Experten und Mitarbeitern immer wieder bestätigen lassen und anderslautende Informationen abwehren, ist die Pleite abzusehen. Der angenehme Zustand der Bestätigung der eigenen Meinungen und Einstellungen kann eine Falle sein, die uns daran hindert, notwendige Veränderungen in Angriff zu nehmen.

Meinungsbildung oder Meinungsbestätigung?

Das Streben nach Konsonanz bestimmt auch die Auswahl der Medien, die man zur Bildung seiner Meinung benützt. Die meisten Menschen greifen zu der Tageszeitung, die eine Sicht der Welt vertritt, die ihrer eigenen entspricht. Das gibt die angenehme Bestätigung, dass man mit seiner Meinung richtig liegt und dass man einer Mehrheit oder zumindest einer Vielheit angehört. Die Zeitungsherausgeber sind an einer möglichst hohen Auflage interessiert. Das erreichen sie dadurch, dass sie die Redakteure das schreiben lassen, was viele Menschen denken. Und damit haben wir einen perfekten Kreislauf: Der Leser greift zu der Zeitung, die seine Auffassung bestätigt, und der Herausgeber kolportiert die Meinung, von der er weiß oder annimmt, dass sie von den Lesern vertreten wird. Funktioniert doch großartig. Die Leser haben die Bestätigung ihrer Meinungen oder Vorurteile und die Zeitungsherausgeber haben ihre hohen Auflagen. Die Sache hat nur einen Haken: Auf diese Weise gibt es keine echte Meinungsbildung, keinen Lernprozess und keine Horizonterweiterung. Es dreht sich alles nur im Kreis. Für eine Weiterentwicklung wäre es notwendig, auch dissonante Informationen aufzunehmen und sie nicht gleich abzuwehren.

Ähnlich läuft es in der Politik. Immer mehr scheuen sich Politiker, schmerzliche Wahrheiten auszusprechen, denn das kostet Wählerstimmen. Stattdessen erhebt man die Meinung der Bevölkerung und gießt sie in Parteiprogramme. Auf diese Weise werden unangenehme Tatsachen und dringende Reformen verdrängt. Damit soll sich die nächste Regierung oder gleich die nächste Generation auseinandersetzen.

Man kann diesen Zustand bedauern und sich neue Politiker wünschen, solche, die die Wahrheit aussprechen und damit riskieren, nicht mehr gewählt zu werden. Ich fürchte aber, das ist verkehrt herum gedacht. Wir müssen als Wähler lernen, Informationen, die uns nicht passen, nicht zu verdrängen und den Überbringer der unangenehmen Botschaft nicht zu bestrafen. Vielleicht bekommen wir dann Politiker, die es riskieren, uns die Wahrheit zu sagen.

Ich verdränge, also bin ich. Persönlichkeit und Verdrängung

Das Streben nach Konsonanz, nach einer berechenbaren und voraussagbaren Welt, in der unsere Einstellungen bestätigt werden, schafft innere Balance und Zufriedenheit. Allerdings ist es für die Weiterentwicklung der Persönlichkeit von außerordentlicher Bedeutung, auch dissonante Meinungen aufzunehmen und sie nicht zu verdrängen. Das mag unbequem sein, aber bereits bestehende Einstellungen und Überzeugungen bringen uns nicht weiter.

Eine Persönlichkeit ist die Gesamtheit der Eigenschaften, Einstellungen, Werthaltungen, Meinungen und Gewohnheiten eines Individuums. Dieser „Mix" bestimmt unser Handeln. Er macht uns unverwechselbar, unterscheidet uns von anderen Menschen und ist relativ stabil. Er ist unser Markenzeichen.

Aber eine Persönlichkeit ist keine Ansammlung von beliebigen Eigenschaften, Einstellungen, Meinungen etc. Sie müssen zueinander passen und ein stimmiges Ganzes ergeben. Eine Persönlichkeit ist somit nicht nur dadurch definiert, welche Eigenschaften sie hat, sondern auch dadurch, welche sie nicht hat. Sie lässt sich auch erklären als das Ergebnis von Verdrängungsprozessen, durch die Informationen abgewehrt, negiert oder verändert werden, die nicht zu ihr passen. Das, was ich bin, bin ich auch durch Verdrängen dessen, was ich nicht sein will oder mir nicht zugestehe zu sein.

Gewohntes bestätigt, Fremdes bringt weiter

Der Mensch strebt also nach Konsonanz und auch unsere soziale Umgebung drängt darauf, dass wir berechenbar und voraussagbar sind. Es ist dies eine wichtige Voraussetzung für das Funktionieren einer Gesellschaft. Aber das Streben nach Konsonanz kann auch zu weit gehen und den Reichtum einer Persönlichkeit zu sehr beschneiden. Das Ergebnis sind einfach strukturierte, beständige, gut funktionierende Menschen, die leicht zu berechnen und zu handhaben sind. Von manchen politischen Parteien, aber auch von vielen Unternehmen wird dieses Bürger- oder Mitarbeiter-Modell favorisiert.

Eine reiche Persönlichkeit beinhaltet aber auch Widersprüchliches. Sie ist ernst und verspielt, kleinlich und großzügig, diszipliniert und leichtfertig, ängstlich und mutig, sensibel und robust, naiv und raffiniert. Eine reiche Persönlichkeit birgt Überraschendes. Wann hat man Ihnen zum letzten Mal gesagt: Das hätte ich nicht von dir erwartet? Oder: Ich bin von dir überrascht. Das gut gemeinte „Bleib, wie du bist“ ist vielleicht eine Falle und soll Sie entmutigen, das zu werden, was Sie wirklich sein wollen. Eine reiche Persönlichkeit entwickelt sich weiter und verändert sich. Das merkt man u. a. am geänderten Personenkreis, mit dem sie kommuniziert. Alte Freundschaften sind wichtig. Sie tun uns gut, weil sie uns in dem bestätigen, was wir sind. Neue Kontakte und Bekanntschaften sind genauso wichtig. Sie eröffnen uns das, was wir sein könnten, oder bekräftigen uns in dem, was wir im Begriff sind zu werden. Wie oft sprechen Sie mit Personen, die nicht Ihrer sozialen „Liga“, Ihrem Kulturkreis, Ihrem Bildungsgrad, Ihrer Lebensphilosophie oder Ihren Überzeugungen entsprechen? Und sind Sie auch bereit, etwas von ihnen anzunehmen? Gewohntes gibt das angenehme Gefühl der Bestätigung, aber nur „Fremdes“ bringt uns weiter.

Danke

In Wahrheit kann ich gar nicht allen Menschen danken, die zum Entstehen dieses Buches beigetragen haben. Schon allein deshalb nicht, weil ich gar nicht weiß, wer mich angeregt, bestätigt, nachdenklich gemacht oder ermutigt hat. Stellvertretend für die vielen danke ich den Personen, die das Manuskript gelesen und mir wertvolle Hinweise gegeben haben: Doris Piringer, Univ.-Prof. Dr. Roswith Roth, Dr. Herta Scheucher, Wolfgang Haupt, Univ.-Prof. Dr. Gunter Iberer, Univ.-Prof. Dr. Bernd Schilcher und Heinz Wölfel.

Sollte ich jemand verdrängt – Pardon, vergessen – haben, so bitte ich um Nachsicht.

Louis Schützenhöfer

Literaturliste

Anderson, Michael C. & Barbara A. Spellman (1995): On the Status of Inhibitory Mechanisms in Cognition: Memory Retrieval as a Model Case. In: Psychological Review, Vol. 102, 1, 68–100

Anderson, Michael C. & Collin Green (2001): Suppressing Unwanted Memories by Executive Control. In: Nature, Vol. 410, 366–369

Anderson, Michael C. et al. (2004): Neural Systems Underlying the Suppression of Unwanted Memories. In: Science, Vol. 303, 232–235

Asendorpf, Jens B. et al. (1983): Der verflixte Represser: Ein empirisch begründeter Vorschlag zu einer zweidimensionalen Operationalisierung von Repression-Sensitization. In: Zeitschrift für Differenzielle und Diagnostische Psychologie, 4 (2), 111–128

Blank, Hartmut & Volkhard Fischer (2000): „Es musste eigentlich so kommen“: Rückschaufehler bei der Bundestagswahl 1998. In: Zeitschrift für Sozialpsychologie, 31 (3), 128–142

Bonanno, George A. et al. (1995): When Avoiding Unpleasant Emotions Might Not Be Such a Bad Thing: Verbal-Autonomic Response Dissociation and Midlife Conjugal Bereavement. In: Journal of Personality and Social Psychology, Vol. 5, 975–989

Bonanno, George A. & Stacy Kaltman (1999): Toward an Integrative Perspective on Bereavement. In: Psychological Bulletin, Vol. 125, 760–776

Bonanno, George A. et al. (2002): Resilience to Loss and Chronic Grief: A Prospective Study From Preloss to 18-Months Postloss. In: Journal of Personality and Social Psychology, Vol. 83, No. 5, 1150–1164

Born, Jan & Ulrich Kraft (2005): Lernen im Schlaf – kein Traum. In: Spektrum der Wissenschaft. Dossier, 4, 38–45

Breuer, Hubertus (2003): Die heilende Kraft des Verdrängens. In: Gehirn und Geist, Nr. 6, 22–23

Burger, Jerry M. (2009): Replicating Milgram. Would People Still Obey Today? In: American Psychologist, Vol. 64, No. 1, 1–11

Chu, Victor (2007): Lebenslügen und Familiengeheimnisse. Auf der Suche nach der Wahrheit. Kösel-Verlag, München

Depue, Brendan E. et al. (2007): Prefrontal Regions Orchestrate Suppression of Emotional Memories via a Two-Phase Process. In: Science, Vol. 317, 13 July, 215–219

Ehrlich, D. et al. (1957): Postdecision Exposure to Relevant Information. In: Journal of Abnormal and Social Psychology, 54, 98–102

Ernst, Heiko (1995): Warum wir nicht verrückt werden. Das Immunsystem der Seele. In: Psychologie heute, Februar, 20–28

Flanagan, Owen (1996): Hirnforschung und Träume. Geistestätigkeit und Selbstausdruck im Schlaf. In: Metzinger, Thomas (Hrsg.), Bewusstsein. Beiträge aus der Gegenwartsphilosohie. Verlag Ferdinand Schöningh, Paderborn

Freud, Anna (1936): Das Ich und die Abwehrmechanismen. In: Die Schriften der Anna Freud, Fischer Taschenbuch Verlag, Frankfurt am Main

Gladwell, Malcolm (2006): Blink. The Power of Thinking Without Thinking. Penguin Books, London

Guthke, Karl S. (2007): Die große Öffnung in die weite Welt. In: Slawinski, Ilona (Hrsg.), Der Mnemosyne Träume. Francke Verlag, Tübingen

Hassebrauck, Manfred (1996): Beziehungskonzepte und Beziehungszufriedenheit: Die Bedeutung tatsächlicher und wahrgenommener Konzeptähnlichkeit in Paarbeziehungen. Zeitschrift für Sozialpsychologie, 183–192

Isay, Hermann (1929): Rechtsnorm und Entscheidung. Verlag von Franz Vahlen, Berlin

Kohnert, Alfred: Der Rückschaufehler. www.iim.uni-giessen.de/user/_kohnert/forschung/rsf.htm

Kraft, Ulrich (2003): Kurze Beine? Haben wir alle! In: Gehirn und Geist, 1, 18–22

Köthke, Rolf (1999): Das Stockholm-Syndrom – Eine besondere Betrachtung des Verhältnisses von Geiselnehmer und Geisel. In: Praxis der Rechtspsychologie 9 (1), 78–85

Leuschner, Wolfgang, Stephan Hau & Tamara Fischmann (1998): Couch im Labor – Experimentelle Erforschung unbewusster Prozesse. In: Psyche, 52, 824–849

Loftus, Elizabeth F. (2001): Falsche Erinnerungen. In: Spektrum der Wissenschaft. Digest, 2, 62–67

Maletzke, Gerhard (1988): Massenkommunikationstheorien. Max Niemeyer Verlag, Tübingen

Nörretranders, Tor (1997): Spüre die Welt. Die Wissenschaft des Bewusstseins. Rowohlt Taschenbuch Verlag, Reinbek bei Hamburg

Orwell, George (1983): 1984. Diogenes Verlag AG Zürich

Piegler, Hannelore (1978): Entführung. Hundert Stunden zwischen Angst und Hoffnung. Molden

Pretis, Manfred (1994): Repression und Krankheit. Eine klinisch-pädiatrische Untersuchung zum Zusammenhang zwischen Repression/ Sensitization und Krankheitsaspekten bei psychisch auffälligen Kindern. Diplomarbeit, Karl-Franzens-Universität Graz

Rollin, Marion: Das Leben – eine einzige Erfindung. Spiegel Online, 28. Oktober 2006

Roth, Gerhard (2001): Fühlen, Denken, Handeln. Wie das Gehirn unser Verhalten steuert. Suhrkamp Verlag, Frankfurt am Main

Rüschemeyer, Georg: Selbstbetrug im Rückspiegel. www.sueddeutsche.de/wissen/artikel/964/56908/

Schacter, Daniel L. (1998): Memory and Awareness. In: Science, Vol. 280, 59–60

Schacter, Daniel L. (1999): Wir sind Erinnerung. Gedächtnis und Persönlichkeit. Rowohlt, Reinbek bei Hamburg

Schützenhöfer, Louis (2004): In aller Liebe. Wie Mütter ihre Kinder unglücklich machen. Verlag Carl Ueberreuter, Wien

Schützenhöfer, Louis (2006): PsychoGolf. Erfolg mit dem Schwung des Unbewussten. Leykam, Graz

Singer, Wolf (2002): Der Beobachter im Gehirn. Essays zur Hirnforschung. Suhrkamp Verlag, Frankfurt am Main

Squire, Larry R. (1986): Mechanisms of Memory. In: Science, Vol. 232, 1612–1619

Staff, P. T. : Shit happens. Psychologytoday.com/articles/pto-19950501-000018.html

Stahlberg, Dagmar et al. (1993): Der Knew-it-all-along-Effekt in Urteilssituationen von hoher und geringer Selbstwertrelevanz. In: Zeitschrift für Sozialpsychologie, 24 (1), 94–102

Stöcker, Christian: Hirn beim Verdrängen beobachtet. www.spiegel.de/wissenschaft/mensch/0,1518,494236,00.html

Traufetter, Gerald (2007): Stimme aus dem Nichts. In: Spiegel Special, Nr. 6, 110–121

Teger, Allan I. (1980): Too much invested to quit. Pergamon Press, New York

Vaillant, George E. (1980): Werdegänge. Erkenntnisse der Lebenslauf-Forschung. Rowohlt, Reinbek bei Hamburg

Wegner, Daniel M. et al. (1987): Paradoxical Effects of Thought Suppression. In: Journal of Personality and Social Psychology, Vol. 53, No. 1, 5–13

Wegner, Daniel M. (1994): Ironic Processes of Mental Control. In: Psychological Review, Vol. 101, No. 1, 43–52

Weiss, Joseph (1990): Strategien des Unbewussten. In: Spektrum der Wissenschaft, Mai, 122–129

Werner, Christoph & Arnold Langenmayr (2005): Das Unbewusste und die Abwehrmechanismen. Vandenhoeck & Ruprecht, Göttingen

Wieczorek, Arnold (2003): Das sogenannte Stockholm-Syndrom. Zur Psychologie eines polizeilich viel beachteten Phänomens. In: Kriminalistik, 7, 429–436

Winson, Jonathan (1991): Neurobiologie des Träumens. In: Spektrum der Wissenschaft, Januar 1991